JN077201

This book helps teachers use
Information Communication Technology
at School.

学校で
よくある突然の
トラブルを
解決！

学校ICT
サポートブック

授業中の「困った」にも即対応！

はじめに

　数年前、タブレット端末が教員に一人一台、配布されることになりました。当時、iPad という名前くらいは知っていましたが、実際に使ったことはありませんでした。これからどうなるのだろう、これまでチョーク＆トークの授業が中心だった私にとって、端末を使いこなすことなどできるのだろうかと、とても不安に思ったことをいまでもはっきりと覚えています。

　それから少しずつ、少しずつ使い方を覚え、手応えを感じつつ授業に取り入れては、様々なトラブルを体験しました。時には研修会で、講師の先生や全国の仲間に教わり、情報交換しながら経験を積み重ねて、よちよち歩きではありますが、なんとか授業で思うように使えるようになってきました。その頃、2020 年 3 月の新型コロナウィルスの影響による全国一斉休校があり、オンライン授業を模索する中で、学内での ICT の活用が一気に広がったように感じています。

　コロナ禍の中、GIGA スクール構想が前倒しされたこともあり、2021 年度から全国の公立小中学校の子どもたちに、一人一台デジタル端末が配布されています。少し前からわかっていたこととはいえ、突然、学校に端末がやってくるのと同じような状況になり、悩んだり困ったりしている先生や、ICTを活用することに抵抗のある先生も多いのではないかと思います。それは、いままで懸命に自身の授業スタイルを確立してきた先生なら尚更でしょうし、誠実な先生であればあるほど当然の反応ではないかと思います。しかしきっと心の中では、何とかしなければ……と思っている先生がたくさんいらっしゃるのではないか、と私たちは考えました。

　そんな先生方に、ほんの少し前に経験した私たちの失敗やトラブルが役に立つのではないか…という思いをもちました。そこで、ICT に初めて触れる

全国の先生方の戸惑いの声や困りごとに、私たちはどのようにして対処してきたか、自分たちの経験をもとに、オンラインのミーティングを重ねながら、本書を執筆してきました。

　その中で、私たちが大切にしたのは、「ICT 初心者の先生一人でも対処できるように」ということでした。ICT トラブルの対処法は、この本に記された以外にも数多くあると思います。もちろん、ICT の専門家が提案する解決方法も大切ですが、これまで毎日の授業での経験から実践している、普段使いの解決方法も必要なのではないか、と私たちは考えています。

　私たちも、いまだに日々 ICT トラブルに遭遇します。その都度、振り返ったときに、そのトラブルや失敗があったからこそいまがあるんだ、これからの学びにつながっているなと捉えることができるようになってきたと感じます。だからこそ、これから ICT 活用という全くもって未知の教育が始まると恐れるのではなくて、これまでの先生自身の授業スタイルを大事にしつつ、新たな方法として ICT を授業の中に少しずつ加えてみる、こんな気持ちから ICT と向き合い始めてみてはいかがでしょうか。失敗に学びながら楽しむマインドをもって。

　人が何かを表現しようとするとき、エッセイにしようか小説か、はたまた演劇、音楽、あるいは絵画と、あれこれ思いを巡らして考えるように、表現するための手段がひとつ増えると考えてみてはどうでしょうか。手持ちの絵の具の色が一色増えたと考えるくらいでも十分なのかもしれません。

　本書を手にして、一緒に教育あるある探検の旅に出ましょう。

2021 年 7 月吉日

　　　　　　　　　　　　　教育あるある探検隊を代表して　　松下直樹

学校ICT
サポートブック

目次

学校 ICT サポートブック
目次

3章　ICTを語るより教育を語ろう（座談会）

4章　今すぐICT（Q&A）

●コラム「使えるアプリ」

〈補記〉
＊本書の内容は 2021 年 6 月時点のものです。
＊本書に記載されている会社名、製品名、サービス名については、それぞれ各社の登録商標または商標です。
＊本文中では「TM」「®」は省略しています。

1章

ICTぼくたちの
失敗

あるある
失敗
①

周辺機器の紛失

♪ 振り向けば パーツがある

どんな失敗？

　タブレットやパソコンをプロジェクタにつなぐコネクタなどの備品。この先生は、うっかりタブレットにコネクタをつけたままにして、元に戻すのを忘れてしまったようです。これらの備品を教員間で共有している場合、どのように保管していますか。職員室のロッカーなど所定の場所に、使用後その都度しまう学校も多いのではないでしょうか。

対処法は？

　各教員が何を使用しているかわかるように、プロジェクタや AppleTV、電源コード、HDMI ケーブル、リモコンなどを写真入りの一覧表とともにカゴやバッグにひとまとめにしておくというのはいかがでしょうか。何を借りたか、片付けるときにわかりやすくなると思います。さらに、「いつ、誰が、何を借りて、どこで使用したか」、そして、「いつ返却したか」を記録する備

品の貸出簿を作成して運用するというのも良いかもしれません。返却忘れが少なくなって、常にすべての備品が揃うようになれば、次に使う先生も、安心して使えるようになります。

ピンチはチャンス！

　ぜひ、同じ備品を使用している先生と、情報交換してみてください。授業でどのように活用しているか、より良いアイデアを共有できるかもしれませんし、新しいアイデアが生まれるかもしれません。備品の貸出簿が、周辺機器の保管や管理のための記録から、授業づくりのきっかけになるとしたら、とても素敵なことですね。

すでに疲労困憊

♪ 教材研究したけれど

どんな失敗？

　スライドにアニメーションを入れたり、ワークシートやプリントを細かく調整したり……、ICT を活用した教材作りは、凝りだすとどんどん時間が過ぎていきます。気がつけば準備に時間をかけすぎてしまい、授業を行うときには疲労困憊。今回は、そんな完璧な準備を目指す先生ほど陥りやすい失敗です。

対処法は？

　まずはシンプルに、これまで行っていた授業を ICT に置き換えることを目指してみてはいかがでしょうか。教室で提示するスライドはもともと板書していた内容でよく、動きがなくても全く問題はありません。ワークシートやプリントも普段使いのものでよく、カラーで配信できればそれで十分だと

思います。少しずつ ICT への置き換えが進んでいくと、自然と授業準備の効率が上がり、気持ちの余裕も出てくることでしょう。教材を新しく作るのは、それからでも決して遅くありません。

 ピンチはチャンス！

　授業準備を過剰にしてしまうのは、授業の失敗を恐れる気持ちが大きく影響しているのかもしれません。様々なところで紹介されているICT を活用した授業の実践例はどれもレベルが高く素晴らしいものが多いですよね。しかし、それを行う先生方もこれまで数々の失敗を経験しているはずです。先生自身が、失敗に学びながら成長するつもりで授業をしてみてはいかがでしょうか。成長するための「失敗」は、決して恥ずかしいことではありません。

ミラーリングの失敗

♪ お隣さん ごめんください

どんな失敗？

　ICT を活用した授業では、教師の端末の画面を大型モニターやプロジェクタなどに投影する場面がよくあります。この時、ケーブル無しで投影ができる「無線ミラーリング」が便利なのですが、うまくいったと思っていたら、隣の教室のモニターに繋がってしまっていた……という失敗です。

対処法は？

　無線ミラーリングを行うには、一般的に Chromecast や Apple TV などの機器を経由することが多く、これらの機器については個別に名前を変更することが可能です。機器の名前を教室の名前などに設定しておくと、わかりやすいのでおすすめです。また、万一の時に備えて、有線ケーブルも用意しておけば安心です。(→ Q&A 22 参照)

ピンチはチャンス！

　隣の教室に無線ミラーリングしてしまうということは、教室をまたいだやりとりや、離れた場所でも映像が投影できるということでもあります。例えば、教室対抗のクイズバトルなどのレクリエーションを一箇所に集まることなく実施できるかもしれません。また、教師の手元を端末のカメラでリアルタイムに投影することで、演示実験が可能になります。どちらも、コロナ禍での生徒たちの密集を避けることにつながりますね。

タップができない

♪ 乾燥するお年頃

どんな失敗？

　事前に機器操作のリハーサルをしていたので、やり方・教え方はわかっていた。しかし、乾燥のせいで思うようにタップができなかった……。自信たっぷりに教えようとした時に起こるちょっぴり恥ずかしい失敗ですね。この他にも爪が長いなど、操作（タップ）ができないシーンはいろいろありそうです。

対処法は？

　手の乾燥対策にはハンドクリームが良いですが、おすすめはタッチペンを利用することです。授業で操作を教えるだけなら100円ショップなどで売られているもので十分でしょう。手でタップして示すより生徒からも見やすく、画面が汚れてしまう心配もありません。

ピンチはチャンス！

　もしかしたら、教師が操作（タップ）すること自体をやめたほうが、教師にとっても子どもにとっても良いかもしれません。授業の進行を止めないために、教師はトラブルにできるだけ早く対処したくなるものです。しかし、それでは子どもたちが対処法を習得できない可能性があります。少し時間がかかってしまうかもしれませんが、教師は口頭で説明するにとどめて、子ども自身に操作を委ねてみませんか。対処法をマスターした生徒は、クラスメイトが操作で悩んでいたら、積極的に教える役を買って出てくれることでしょう。

時間が足りない

♪ 「教えて」に応えているうちに…

どんな失敗？

　ICT を活用しながら、子どもたちが課題をじっくり考えられる時間を確保できるように組み立てて授業に臨んだのに、機器やアプリケーションを思うように操作できないことが多発してしまい、授業時間が足りなくなってしまう……これは本当によくあることです。

対処法は？

　ICT を活用した授業は、内容や活動が過多になってしまって、ゆとりのないものになりがちです。そのため、授業内容や活動そのものを思い切って削ぎ落とす必要があるのかもしれません。あるいは、教師よりも子どもたちのほうが ICT の活用に長けている場合が往々にしてありますので、子どもたちの力を借りて、子どもたち同士で教え合う場面を作れば、足りなかった時間が生み出されるかもしれません。

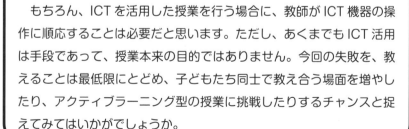

ピンチはチャンス！

　もちろん、ICT を活用した授業を行う場合に、教師が ICT 機器の操作に順応することは必要だと思います。ただし、あくまでも ICT 活用は手段であって、授業本来の目的ではありません。今回の失敗を、教えることは最低限にとどめ、子どもたち同士で教え合う場面を増やしたり、アクティブラーニング型の授業に挑戦したりするチャンスと捉えてみてはいかがでしょうか。

配信・共有ができない

♪ 共有できない教諭

どんな失敗？

　「事前に説明スライドやワークシートを準備していたのに配信対象が間違っていて送れていなかった」「共有したファイルの共有権限が間違っていた」など、配信・共有できていたつもりが、実はできていなかったという失敗です。事前に子どもたちが見ているつもりで教室に行ったら、自分のミスで送られておらず、改めて送ろうと思っても焦ってしまってなかなかうまくいかない……このような失敗は、本当に多くの先生が経験されています。

対処法は？

　事前に、ダミーの生徒アカウント（確認するためだけの実在しない生徒アカウント）を作成し、テストすることで解決ができます。子どもたちへ配信する時にダミーの生徒アカウントにも一緒に配信し、配信内容を確認しても良いですし、クラス全員に配信する前にダミーの生徒アカウントにのみ配信して確認するのも良いでしょう。配信や共有ができているかどうかは、実際に生徒になりきって確認するのが一番です。

ピンチはチャンス！

　教師が配信や共有設定をしたあと、メッセージのやり取りをして子どもに確認してもらうなど、授業準備に子どもが参加するチャンスと捉えてみてはどうでしょう。準備段階から授業に関わることは、子どもたちの主体性を自然と高めることにつながりますし、場合によっては、SA（スチューデント・アシスタント）が誕生するかもしれません。子どもたちの協力が得られやすいのも、ICT の良いところですね。

課題が的確に伝わらない

♪ 映える課題提出法

どんな失敗？

　教師の要求が子どもたちに伝わっていないという失敗ですね。教師はわかりやすく伝えているはずなのに、また、子どもたちもちゃんと聞いて取り組んでいるはずなのに、提出されたものが教師の意図しているものと違う。このような失敗は、教師と子どもたちの認識の違いが原因であることが多く、様々なところで起きています。

対処法は？

　教師が当たり前と思っていることも、子どもたちにとっては当たり前ではないことが多いのも、ICT 関連ではよくあることです。最も的確な方法は、サンプルを提示することです。Google Classroom などを使って、いつでも見られるところにサンプルを置いておくとさらにスムーズに要求が伝わると思います。

　子どもたちの考える力を伸ばす良い機会と捉えてみてはどうでしょうか。教師は「このことを確認したいから、先生がわかるようにメールで送ってください」とだけ伝えます。そうして提出されたものを確認すると、その子がどれだけ他人の立場に立って考えることができるのかが見えてきます。フィードバックを繰り返せば、どんどんその力は伸びていくことでしょう。ルーブリック評価とも相性が良さそうです。ちょっとしたことで子どもたちの多様な表現を引き出すことができるのも、ICT を活用する魅力の一つですね。

データが迷子

♪ ファイルはどこに？

どんな失敗？

　ペーパーレスでの保存・共有が当たり前になってくると必ず起こるのが、「データファイルをどこに保存したかわからなくなる」というトラブルです。今回はデータファイルの共有がきちんとされておらず、どこにある、何の資料を見たら良いのかが理解できていなかったことが失敗の原因です。

対処法は？

　まずはデータファイルを教職員間で共有できる Google Classroom などのシステムを有効に使い、そのためのルールを決めて、共有すると良いでしょう。例えば、以下の4つを参考に、校内でルールを決めてみてはいかがでしょうか。(→ Q&A 29 参照)

　　①プロジェクトごとに分ける
　　②年、月ごとにフォルダを作成
　　③データの種類ごとに分類
　　④階層を作って整理（複合版）

　　ピンチはチャンス！

　日常的に端末が使われるようになり、データファイルの共有が時間・場所にとらわれなくなってきました。職員会議も情報の伝達のみであれば、資料の共有を行うだけで済みます。本当に必要な会議かどうか見直す良いチャンスかもしれません。必要な打ち合わせのみ集中して行うことで、生徒対応など他の業務にいま以上に時間を割けるようになるのではないでしょうか。

用語の勘違い

あるある失敗⑨

♪ 同音異義語

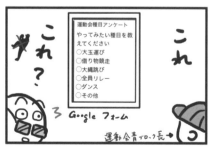

どんな失敗？

　ICT に限った話ではないのですが、似たような用語はとても多いですよね。イントネーションや一文字違いでも全く別物になる日本語はたくさんあります。GIGA スクール構想の加速で、学校現場に聴きなれないカタカナ用語がどんどん入ってきました。今回の失敗は、アンケートフォームと投球フォームの「フォーム違い」が原因でした。

対処法は？

　生徒から「フォームをチェックしてください」と頼まれた時点で「投球フォームのことかな？」と念のため聞き返せば良かったのかもしれませんね。長い歴史の中で言葉の意味が変化したり、新しい言葉も続々生み出されたりしています。もし、相手が使っている言葉の意味がわからない、また何かズレている気がしたら、相手に聞き返したり、ネットで調べたりしてみてはいかがでしょうか。

ピンチはチャンス！

　これはよく考えると、コミュニケーションそのものの問題かもしれません。ICT が日常に浸透してきたことで、文字だけでコミュニケーションする機会も増えています。そうした中で、対面で人と人が会って話ができる学校という場でこそ、正しく言葉を伝え合うことを大切にしていきたいものですね。

自宅が丸見え

♪ 家族とオンライン授業

どんな失敗？

　コロナ禍の中で急速に広がりを見せたオンライン授業の一幕です。一見、飼い猫が授業の邪魔をするというほのぼのとしたエピソードのようですね。先生の日常の様子を知ることができて、子どもたちは喜ぶかもしれません。ただ、教師が授業を通して、プライバシーを露出させていることになっているという点で少し心配なできごとです。この授業を家庭で保護者も見ている場合がありますから、教師に対する信頼が揺らぐ可能性もありますね。

対処法は？

　リモートでオンライン授業に臨むときには、家族などのいる部屋を避けるのがベターです。それが難しい場合は、ビデオをオフにしたり、背景をバーチャルなものに変更したりするなど工夫しましょう。学校でも、オンライン授業の前に教員研修を必ず行い、このような注意事項について周知する必要があるでしょう。

ピンチはチャンス！

　今回、この先生はプライバシーという点で、少し心配な失敗をしてしまいました。しかし、この先生が本当にしたかったことは、学校が休校になってしまったとき、不慣れながらも、「生徒たちの学びを止めない」ために授業を届けることだったのです。先生のこの想いや、次こそはこの失敗を起こさないように失敗から学ぶ姿勢は、生徒の心に必ず響くと信じています。

Mentimeter

クラスの意見を"見える化"するときに 使えるアプリ

タブレットで質問に回答

授業のはじめに、教師の問いに対して、子どもたちがアイデア出し（ブレインストーミング）をすることはありませんか。そんな時に使えるアプリが「Mentimeter（メンチメーター）」です。

これまでは、教師が子どもたちに発言させながら意見を集め、黒板に一つひとつ書いてクラスで共有したりしていたのではないでしょうか？ このやり方も決して悪いわけではありませんが、全員の意見を回収するのは、時間的に困難であったり、いつの間にか子どもたちの意見が似てきたり……ということに陥りがちです。

Mentimeterを使うと、リンクやQRコードを共有するだけで、子どもたちがタブレットなどを使って思い思いに回答することができま

す。匿名のため、率直な考えや思いを聞くことができますし、発言するのが苦手な子どもにとっても安心ですね。

リアルタイムで意見を共有

教師用の端末で、Mentimeterのプレゼンテーションを電子黒板に投影しておくと、クラス全体でリアルタイムに意見を共有することができます。Mentimeterには、様々なタイプの回答が用意されているので視覚的にも楽しく、子どもたちの学びのワクワク感が増すこと間違いなしですね。

Googleフォーム

アンケートの集計が自動でできる
画期的なツール

集計作業はもう終わり！？

　授業の最後に、子どもたちにアンケートを取ったり、確認テストをしたりすることも多いですよね。そんな時に使えるアプリが「Google フォーム」です。

　これまでは、それらをプリントで配布して回答させ、採点した後にデータ処理をして、子どもたちに返却していたのではないでしょうか。

　もちろん、一人ひとり丁寧にコメントを付けたりすることはとても重要ですが、様々な業務に追われる中、集計などの単純作業は極力避けたいものです。

　Google フォームを使うと、とても簡単にアンケートを作成することができます。配布や回収の手間も省けるだけでなく、アンケート結果の集計を自動で行えるので、時間短縮につながります。「Google Sheets」と連動させて、振り返りのコメントを一覧表にまとめて共有すれば、クラス全体の

学びに繋がるでしょう。

テストも Google フォームで

　また、Google フォームには、テスト機能もついているので、確認テストを行うことが可能です。回答後すぐに生徒が自分のテストの結果や解答のポイントなどを確認できます。Google フォームの自動採点機能によって問題ごとの正答率もすぐにわかるので、誤答の多かった問題については、次の時間に丁寧に解説をすることもできそうですね。

iMovie

模造紙や紙芝居が ICT になった！？
生徒のプレゼンに使えるアプリ

テンプレートで初心者でも簡単

授業で子どもたちがプレゼン資料を作成したあと、手軽に発表できるツールがあれば良いのにと思ったことはありませんか。こんな時に使える「iMovie（アイムービー）」を紹介します。

プレゼン資料をまとめる方法は、模造紙に記入する、紙芝居やスライドを作成するなど、様々な方法がありますが、いずれも制作には多くの時間が必要です。iMovie を使うと、簡単に動画が制作できるので、時間が短縮され、かつ素敵な作品として仕上がります。

iMovie は標準ツールとして、幅広いテンプレートから好きなものを選ぶことができます。例えば、「予告編」を使って、タイトルやクレジットを入力し、絵コンテに準備した写真やビデオなどを加えれば、簡単に１分動画（オープニング／展開部／エンディング）が完成します。少しずつオリジナル動画の編集もできるようになると、プレゼン力も高まっていくと思います。

動画を作るために必要なもの

動画を作成する際には、写真、録画した動画や音声、スライドデータ、コメント入力などが必要です。①ねらい②構成③まとめの台本を子どもたち自身で考えると良いでしょう。再生後に、動画制作のねらいや感想を手短に共有するのもおすすめです。

ICTトラブルは
突然に

あるある トラブル ①

突然、授業中にネット（Wi-Fi）がつながらなくなってしまった

主な症状	授業中に子どもたちにネットで検索をさせようとしたら、タブレットの画面に「接続できません」と表示されてしまった。

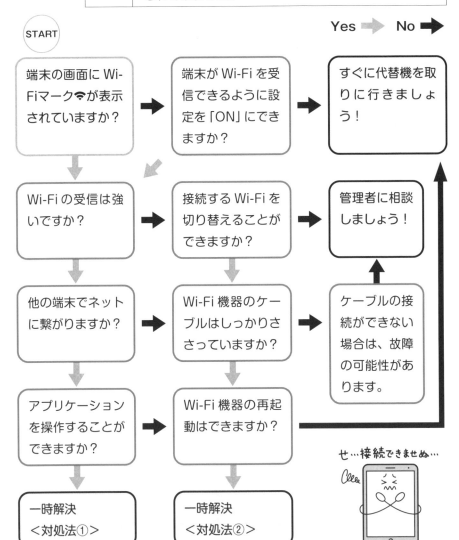

START

Yes ➡ No ➡

端末の画面に Wi-Fiマーク📶が表示されていますか？ ➡ 端末が Wi-Fi を受信できるように設定を「ON」にできますか？ ➡ すぐに代替機を取りに行きましょう！

Wi-Fi の受信は強いですか？ ➡ 接続する Wi-Fi を切り替えることができますか？ ➡ 管理者に相談しましょう！

他の端末でネットに繋がりますか？ ➡ Wi-Fi 機器のケーブルはしっかりささっていますか？ ➡ ケーブルの接続ができない場合は、故障の可能性があります。

アプリケーションを操作することができますか？ ➡ Wi-Fi 機器の再起動はできますか？

一時解決
＜対処法①＞

一時解決
＜対処法②＞

せ…接続できませぬ…

まずはここを確認！

- Wi-Fi 機器や無線ルーターは作動していますか？
- 端末の Wi-Fi 受信設定はオンになっていますか？

※ 教室や廊下に設置されているインターネットの無線ルーターのランプが緑色で点灯しているのが正常の動作です。動作不良、エラーが起こっている場合はオレンジか赤のランプが点灯しています。

対処法①

タブレット端末を再起動すると解決する場合もあります。Wi-Fi は常にオンにしておきましょう。用意ができるのであれば、教師用、児童・生徒用それぞれにタブレット端末の予備機が数台あると安心です。

対処法②

Wi-Fi 機器の再起動や、ルーターの再起動には時間がかかりますが、接続できるようになることが多いです。しかし、再起動をする前に接続できていたすべての端末に影響がありますので、授業に差し障りのない時間帯（昼休みや放課後など）に行いましょう。

どうしたら起こらないのか？

インターネットのトラブルはタブレット端末や Wi-Fi 機器の故障だけではなく、ネットワーク構築に関わることもあります。インターネットの工事会社や通信会社に定期的なメンテナンスを行ってもらう必要があります。それでもトラブルが起こったときのために、職員会議や学年会議などで、トラブル対応の問い合わせ先をしっかりと確認し、日頃から情報共有をしておくことが必要です。

あるある トラブル ②

突然、OS のアップデートが始まってしまった

主な症状	授業中に突然、OS（端末）のアップデートが始まり、何か警告が出ている。

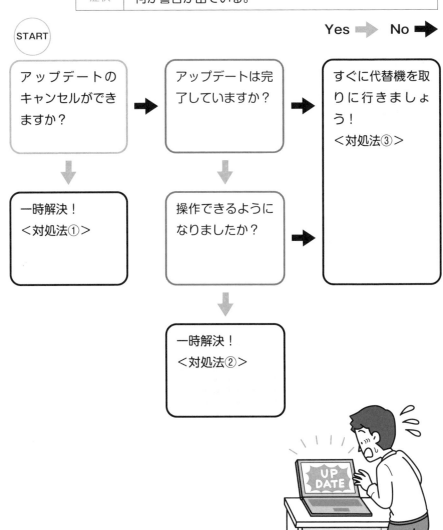

START

Yes ➡   No ➡

アップデートのキャンセルができますか？

➡

アップデートは完了していますか？

➡

すぐに代替機を取りに行きましょう！
＜対処法③＞

⬇

一時解決！
＜対処法①＞

⬇

操作できるようになりましたか？

➡

⬇

一時解決！
＜対処法②＞

まずはここを確認！

- 予備の端末はありますか？
- 警告はどのような内容ですか？

対処法①
　困ったらキャンセルをすることで一時的にしのぐことはできます。しかし、キャンセルは問題を先送りにしている場合が多いです。アップデートは早いうちにしておくと良いでしょう。

対処法②
　授業中にアップデートが始まってしまうとつらいですよね。完了までに時間もかかります。とはいえ、アップデートはしておいたほうが良いので、放課後や朝など授業以外の時間に済ませておくと良いでしょう。

対処法③
　アップデートに限らず、急に端末が動かなくなってしまうことは起きてしまうものです。用意できるようでしたら予備機の準備をしておくと良いでしょう。

どうしたら起こらないのか？

　アップデートが公開された段階で早いうちに済ませておくのが一番ですが、現実的にはなかなか難しいものです（→ Q&A 5参照）。そこで、端末の設定変更と運用ルールを決めておくことをおすすめします。初期設定では自動アップデートが「ON」になっていることが多く、これによって授業中にアップデートが始まってしまうことがあります。これを「OFF」にする代わりに、運用上のルールとして「毎月〇日はアップデートの日」などと決めておくと、トラブルを未然に防ぐことができます。

突然、アプリが動かな くなってしまった

主な 症状	授業中に使っているアプリが、固まって動かなくなってしまった。

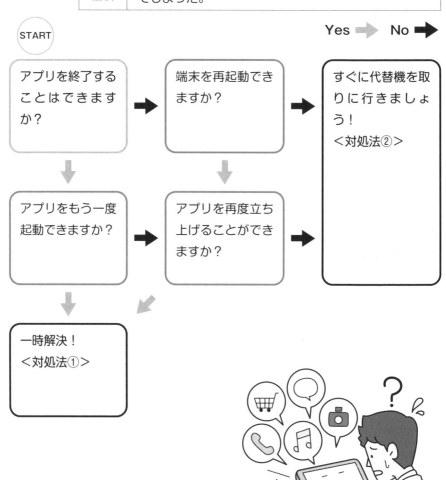

START

Yes ➡ No ➡

アプリを終了する ことはできます か？

端末を再起動でき ますか？

すぐに代替機を取 りに行きましょ う！ ＜対処法②＞

アプリをもう一度 起動できますか？

アプリを再度立ち 上げることができ ますか？

一時解決！ ＜対処法①＞

まずはここを確認！

- アプリの再起動はできますか？
- 使っていないアプリがたくさん開いていませんか？

対処法 ①

　アプリの終了方法や端末の再起動の方法は端末によって異なります。あらかじめ方法を確認しておきたいものです。また、再起動には時間を要する場合もあります。

対処法 ②

　端末が止まってしまう原因が、アプリにあるのか、端末にあるのかは見分けがつかないときもあります。同じ症状が周りの人にもないかどうか確認して、自分だけであれば代替機を使いましょう。

　なお、代替機はご自身のスマホや児童生徒の端末などでも OK です。

どうしたら起こらないのか？

　端末は一見すると画面にあるものしか動いていないように見えますが、実際には一度起動させたアプリが見えない部分で動き続けている場合がほとんどです。こうして動いているアプリが多くなると、それによって動作が重くなり、使っているアプリにまで影響が出てくることがあります。使っていないアプリは、こまめに終了しておくと良いでしょう。再起動するとすべてのアプリが終了されるため、動作が安定します。月に1、2回は再起動をかけましょう。さらに、端末自体の容量が圧迫されてきた場合も、動作が不安定になりがちです。不要な写真や動画は削除しておくと良いでしょう。（→ Q&A 30 参照）

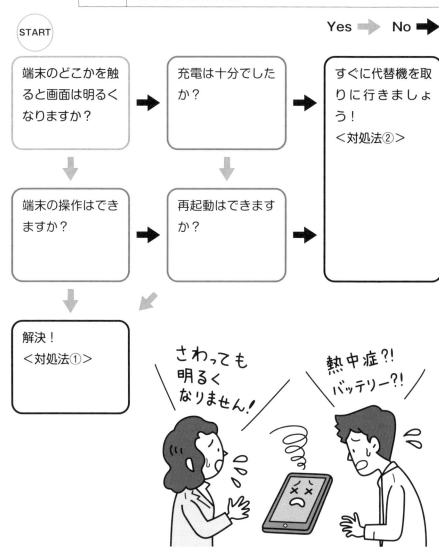

あるある トラブル ④

突然、画面が真っ暗に なってしまった

主な 症状	授業で使おうと思ったら、端末の画面が真っ暗な状態になってしまった。

START

Yes ➡ No ➡

端末のどこかを触ると画面は明るくなりますか？

➡

充電は十分でしたか？

➡

すぐに代替機を取りに行きましょう！
<対処法②>

⬇

⬇

端末の操作はできますか？

➡

再起動はできますか？

➡

⬇

解決！
<対処法①>

さわっても明るくなりません！

熱中症?!バッテリー?!

42

まずはここを確認！

- 画面がスリ　プになっていませんか？
- バッテリーの残量はありますか？

対処法①

端末の初期設定では、何も触らないまま一定時間を過ぎると画面が真っ暗になるようになっています（スリープ）。端末のホームボタンや電源ボタンで画面が明るくなることが多いので、まずは押してみましょう。設定時間が短い場合はこまめに触って真っ暗にならないようにするのも一つの方法です。

対処法②

一日に3時間や4時間も授業で端末を利用していると、バッテリー残量がなくなってしまうこともあります。授業が続く場合はモバイルバッテリーを用意しておくと良いでしょう。（→ Q&A 8参照）

どうしたら起こらないのか？

　一定時間を過ぎても画面が真っ暗にならないように15分から30分の間くらいでスリープを設定しておくと便利です。なぜなら、スリープ機能を「OFF」にしてしまうと画面がついたままになり、知らない間に充電がなくなってしまう恐れがあるからです。

　充電に関してはモバイルバッテリーの用意があると良いですね。学校で備品として準備できればベストです。

　また、職員室の共有スペースに端末専用充電器を設置して、自由に充電できる環境を整えることもおすすめします。

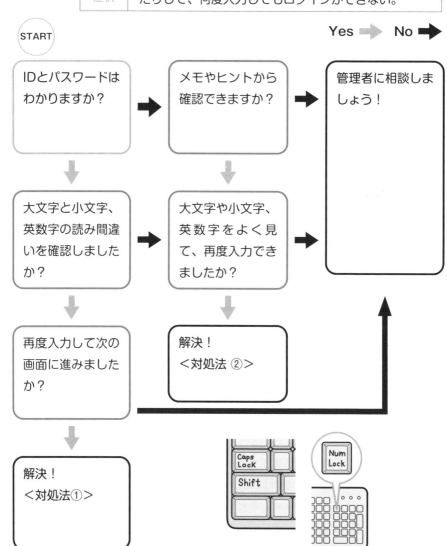

突然、パスワードの入力がうまくいかなくなった

主な症状	パスワードを読み間違えてしまったり、忘れてしまったりして、何度入力してもログインができない。

START

Yes ➡   No ➡

IDとパスワードはわかりますか？

メモやヒントから確認できますか？

管理者に相談しましょう！

大文字と小文字、英数字の読み間違いを確認しましたか？

大文字や小文字、英数字をよく見て、再度入力できましたか？

再度入力して次の画面に進みましたか？

解決！
＜対処法 ②＞

解決！
＜対処法①＞

Caps Lock

Shift

Num Lock

まずはここを確認！

- 大文字、小文字、英数字を読み違えていませんか？
- メモしているパスワードは正しいですか？

対処法①

大文字や小文字、英数字、ローマ字のつづりなどが正しいかどうか確認しましょう。文字入力は端末によって操作方法が変わります。キーボードの「Shift」キー、「Caps Lock」キー、「Num Lock」キーの利用方法をご確認ください。（→ Q&A 13 参照）

対処法②

メモをしていたパスワードが間違っているかもしれません。早めに管理者に連絡して再発行をしてもらい、忘れないように大切に保管しておきましょう。

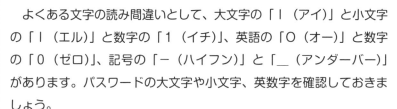

どうしたら起こらないのか？

よくある文字の読み間違いとして、大文字の「I（アイ）」と小文字の「l（エル）」と数字の「1（イチ）」、英語の「O（オー）」と数字の「0（ゼロ）」、記号の「-（ハイフン）」と「_（アンダーバー）」があります。パスワードの大文字や小文字、英数字を確認しておきましょう。

ICT 教育が普及していく中で、パスワード入力を求められる機会が増えています。誰でも思いつくような場所ではなく、自分自身の保管場所やルールを決めて、大切に保存しましょう。

パスワードのメモを紛失したり、忘れてしまったりした場合は、管理者に相談して対応してもらいましょう。

あるある トラブル⑥

突然、文字入力が
うまくいかなくなった

主な症状	授業中、使っているアプリで、文字をうまく入力できなくなってしまった。

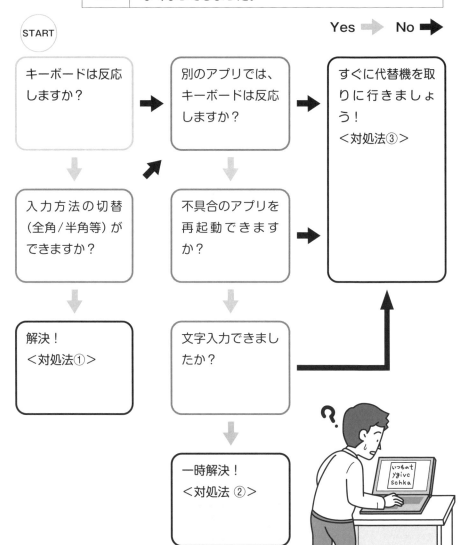

START

Yes ➡ No ➡

- キーボードは反応しますか？
- 別のアプリでは、キーボードは反応しますか？
- すぐに代替機を取りに行きましょう！ <対処法③>

- 入力方法の切替（全角/半角等）ができますか？
- 不具合のアプリを再起動できますか？

- 解決！ <対処法①>
- 文字入力できましたか？

- 一時解決！ <対処法②>

まずはここを確認！

- 文字入力の切替（全角／半角など）はできますか？
- 別のアプリでは文字入力できますか？

対処法①

　　文字入力の切替は、いつも使うわけではないので、やり方を忘れてしまいがちです。また、端末によっても切替方法が違います。授業の準備で利用している PC やタブレット端末と、実際に授業で使用する端末の文字入力が違う場合もありますので、事前に入力方法の確認をしておきましょう。（→ Q&A 13 参照）

対処法②

　　不具合があればとりあえず再起動してみるのが最も効果的です。

対処法③

　　ご自分のスマホでも代替機として使える場合もあります。用意できるときは準備しておくと良いでしょう。

どうしたら起こらないのか？

　　文字がうまく入力できない原因はいくつか考えられます。端末の空き容量が少なくなってくると動作が不安定になりがちなので、キーボード入力による反応が弱くなることがあります。この場合は、不要なデータを削除することで対応しましょう。（→ Q&A 30 参照）

　　また、OS（端末を動かす基本ソフト）やアプリ自体にプログラムの不備を含んでいるために止まることもあります。こまめにアップデートをしましょう。（→ Q&A 5 参照）

突然、プロジェクタが 作動しなくなった

主な 症状	プロジェクタ投影時に、画面が映らなくなった。

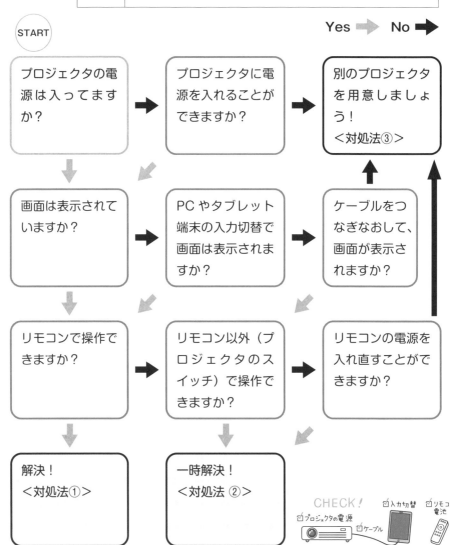

START

Yes ➡ No ➡

プロジェクタの電源は入ってますか？ ➡ プロジェクタに電源を入れることができますか？ ➡ 別のプロジェクタを用意しましょう！ <対処法③>

画面は表示されていますか？ ➡ PC やタブレット端末の入力切替で画面は表示されますか？ ➡ ケーブルをつなぎなおして、画面が表示されますか？

リモコンで操作できますか？ ➡ リモコン以外（プロジェクタのスイッチ）で操作できますか？ ➡ リモコンの電源を入れ直すことができますか？

解決！ <対処法①>

一時解決！ <対処法 ②>

CHECK !

入力切替
リモコン電池
プロジェクタの電源
ケーブル

まずはここを確認！

- 端末とプロジェクタが正しく接続されていますか？
- PC やタブレット端末の入力画面は合っていますか？
- リモコンの電池が切れていませんか？

対処法①

プロジェクタのトラブルは、画面入力の切り替えやケーブルの差し直し、リモコンの電池交換で対処できる場合が多いです。（→ Q&A 22 参照）

対処法②

プロジェクタ本体にも切り替えスイッチやメニューボタンが付いています。リモコンが使えないときは、こちらを試してみましょう。

対処法③

どうしてもプロジェクタが作動しない場合は、別のプロジェクタを用意しましょう。

どうしたら起こらないのか？

　授業の空き時間に端末とプロジェクタの接続を確認しましょう。特に心配なのはランプです。照射時間の合計と使用年数によってランプの寿命が決まります。使用が 1000 時間を超えると光量が落ち始め、早いときは数年で交換しなければならない場合もあります。管理者の定期的なメンテナンス（動作確認）と、年度当初に予備用の交換ランプを複数個準備しておくことをおすすめします。

　また、最近のプロジェクタにはリモコンに「AV ミュート」といって、電源は付いたままでも画面を消しておく機能が付いていることがあります。このボタンを意図せずに押してしまうことでプロジェクタが映らない場合もあるようです。

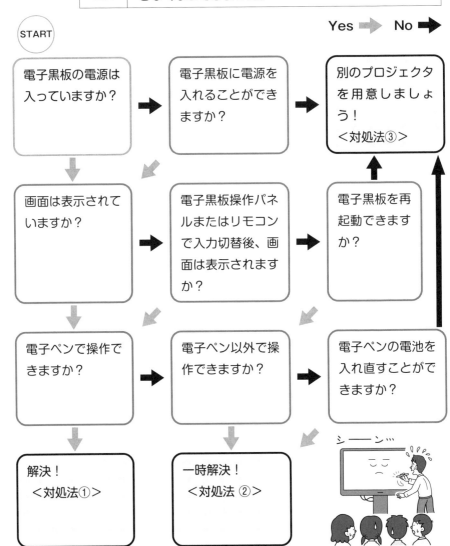

あるある
トラブル
⑧

突然、電子黒板が
作動しなくなった

主な症状	授業中に電子ペンで記入できなくなり、画面も投影できなくなってしまった。

START

Yes ➡   No ➡

電子黒板の電源は入っていますか？

電子黒板に電源を入れることができますか？

別のプロジェクタを用意しましょう！
<対処法③>

画面は表示されていますか？

電子黒板操作パネルまたはリモコンで入力切替後、画面は表示されますか？

電子黒板を再起動できますか？

電子ペンで操作できますか？

電子ペン以外で操作できますか？

電子ペンの電池を入れ直すことができますか？

解決！
<対処法①>

一時解決！
<対処法 ②>

50

まずはここを確認！

- 電子黒板の入力画面は合っていますか？
- 付属の電子ペンの電池が切れていませんか？

対処法①
　たまに入力の切替えをすると、戻し忘れていて表示が真っ黒だったりします。付属の電子黒板用リモコンで操作するなどして戻しておきましょう。

対処法②
　電子黒板のトラブルは、画面入力の切替えや電子ペンの電池交換で対処できることが多いです。

対処法③
　電子黒板が動かなくなったら思い切って再起動すると解決することもあります。電源を入れることができない状況に備えて、持ち運び可能なプロジェクタを別に用意しておくと良いでしょう。

どうしたら起こらないのか？

　電子ペンは常に電子黒板と通信をしているせいか、電池の消耗が思ったよりも早いです。もしかすると半年ももたないかもしれません。可能ならば、長期休みごとに電池交換をしておきたいものです。

　もう一つの方法として、充電式の乾電池を多めに用意しておき、充電がなくなったものから順次交換していくと良いです。

　また、電子黒板の不調時に備えて、持ち運び可能なプロジェクタを用意しておきたいものです。ちょっと高額なプロジェクタには電子黒板機能を備えたものもあります。不調時に使う場合はそんなに高額なプロジェクタでなくても、大きく表示できれば十分役割を果たすことができるでしょう。

あるある
トラブル
⑨

突然、端末が動かなくなってしまった

主な症状	授業途中で端末操作ができなくなり、アプリも動かなくなってしまった。

START

Yes ➡ No ➡

| 画面は明るいですか？ | ➡ | 充電は十分にできていましたか？ | ➡ | モバイルバッテリー等で充電できますか？ |

⬇ ⬇ ⬇

| アプリの切り替えはできますか？ | ➡ | 端末の再起動ができますか？ | ➡ | すぐに代替機を取りに行きましょう！
<対処法②> |

⬇ ⬇

| 不具合のアプリを再起動できますか？ |

⬇

| 解決！
<対処法①> |

シーン

まずはここを確認！

- 充電は十分にしましたか？
- モバイルバッテリーはありますか？

対処法 ①　　不具合があればとりあえず再起動してみるのが最も効果的でしょう。再起動には時間がかかる場合もあります。

対処法 ②　　時には児童生徒の端末を上手に利用できる場合もあるかもしれませんが、教員用の端末が動かなくなってしまったときに備えて、代替機を用意すると良いでしょう。

どうしたら起こらないのか？

　このようなトラブルを予防する方法は、端末の動作を安定させるために、こまめにアップデートをしたり、不要な写真や動画を削除したりすることです。(→ Q&A 5、30 参照)

　また、タブレット端末は思わぬ時に充電切れが起きますので、こまめに充電量を確認しましょう。職員室の共有スペースに充電器を設置して、自由に充電できる環境を整えることをおすすめします。

　毎日のように端末を使っていると、たまに充電を忘れてしまうものです。そんな時のためにモバイルバッテリーを用意しておくと役立ちます。学校で準備しておくのもよい方法です。(→ Q&A 8 参照)

　タブレットのバッテリーは主にリチウムイオン電池ですが、このリチウムイオン電池は使っていくうちに劣化していきます。特に気を付ける点は、冷えすぎると放電してしまうので、バッテリーとして使えなくなることがある点です。できる限り常温で使うことで、少しでも長持ちさせることができます。

2章 ICTトラブルは突然に

あるある トラブル ⑩

突然、遠隔授業中に声が聞こえないと言われた

主な症状	オンライン授業中に、自分の声が相手に聞こえていない状態になってしまった。

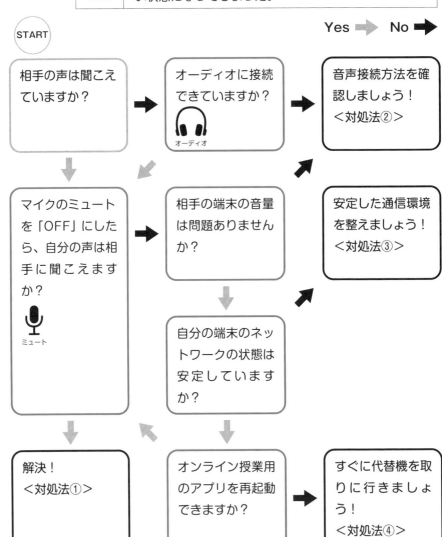

START

Yes ➡   No ➡

相手の声は聞こえていますか？

オーディオに接続できていますか？
オーディオ

音声接続方法を確認しましょう！
<対処法②>

マイクのミュートを「OFF」にしたら、自分の声は相手に聞こえますか？
ミュート

相手の端末の音量は問題ありませんか？

安定した通信環境を整えましょう！
<対処法③>

自分の端末のネットワークの状態は安定していますか？

解決！
<対処法①>

オンライン授業用のアプリを再起動できますか？

すぐに代替機を取りに行きましょう！
<対処法④>

まずはここを確認！

- マイク機能のミュートが「ON」になっていませんか？
- 端末のネットワークの状態は安定していますか？

対処法①

　オンライン授業で使うアプリでは「音声（マイク）をONにする」や「ビデオをON」にするという設定を行います。「ミュート」とは音を消した状態です。

対処法②

　オンライン授業では、話を始める前にミュートを「OFF」にする癖をつけておくと良いと思います。

対処法③

　オンラインの授業や研修などを行う場合は、安定したネットワーク環境が必要です。LTE接続でオンライン授業を行うと、契約通信上限量にあっという間に到達するため、Wi-Fi接続をおすすめします。

対処法④

　代替機として、ご自身のスマホや予備の端末を用意しておくと安心です。

どうしたら起こらないのか？

　オンライン授業のスケジュールを組む際には、準備段階で音声や録画の設定方法を確認しましょう。

　また、事前に少人数の教員で、主催者、生徒それぞれの立場で役割を交換しながらリハーサルをやってみるのもおすすめです。遠隔授業の良さや、対面授業の新たな良さも発見できるかもしれません。

突然、ブラウザにエラーメッセージが表示された

主な症状	インターネットを開いているときに突然エラーメッセージが表示された。

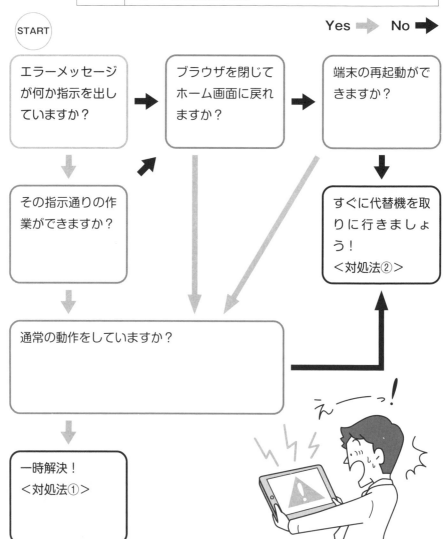

START

Yes ➡   No ➡

エラーメッセージが何か指示を出していますか？

ブラウザを閉じてホーム画面に戻れますか？

端末の再起動ができますか？

その指示通りの作業ができますか？

すぐに代替機を取りに行きましょう！
＜対処法②＞

通常の動作をしていますか？

一時解決！
＜対処法①＞

えーっ！

まずはここを確認！

- 指示通りの作業はできますか？
- 校内 LAN や Wi-Fi に不具合はありませんか？

対処法 ①

エラーメッセージが出ると不安になりますよね。指示通りに作業したり再起動したりすることで、通常通りに動作するようになれば大丈夫です。

対処法 ②

エラーの種類は様々あります。校内 LAN や Wi − Fi の不具合や、場合によってはサービス提供者側のサーバーの不具合など、端末以外に原因がある場合もあります。エラーが起きた状況を職員で共有して学校管理者へ報告しておくと、その後の対応に役立つことがあります。

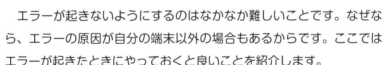

どうしたら起こらないのか？

　エラーが起きないようにするのはなかなか難しいことです。なぜなら、エラーの原因が自分の端末以外の場合もあるからです。ここではエラーが起きたときにやっておくと良いことを紹介します。

　まず、エラーメッセージをスクリーンショットや、別の機器による撮影などで記録しておくことです。メッセージにどんな指示が出ていたのかについては、機器操作に慣れている人でも覚えていられない場合があります。次に、他の人が同様のエラーで困らないように、エラーが起きた状況を忠実に再現できると良いでしょう。これら２つによって、どのブラウザを使っているときに、どうやって操作をしたら、どのようなエラーが起きたのかが具体的にわかります。それによって、どこに原因があって、何を避ければよいのかが見えてくるでしょう。

突然、端末が行方不明になってしまった

あるある
トラブル
⑫

主な症状	端末を紛失したことに気がついたものの、どこに置いてきたかを思い出すことができない。

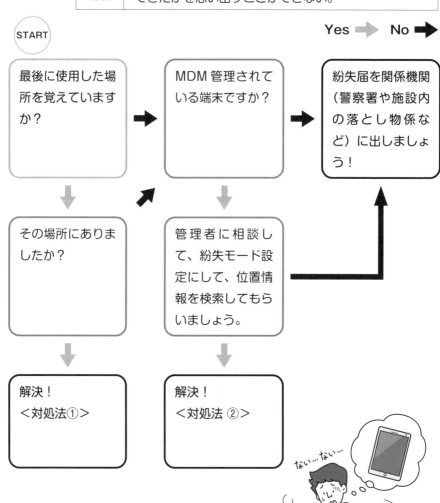

START

Yes ➡   No ➡

最後に使用した場所を覚えていますか？

MDM 管理されている端末ですか？

紛失届を関係機関（警察署や施設内の落とし物係など）に出しましょう！

その場所にありましたか？

管理者に相談して、紛失モード設定にして、位置情報を検索してもらいましょう。

解決！
＜対処法①＞

解決！
＜対処法 ②＞

ない…ない…

まずはここを確認！

- 最後にその端末を使用した場所や時間帯を覚えていますか？
- MDM（モバイル・デバイス・マネジメント）管理されている端末ですか？

対処法①

端末利用の場面が増え、校外学習や部活動、出張先などで使用することによって、思わず紛失してしまうこともあります。端末を保管する場所として、職員室の机の引き出しやロッカーなど日頃から決めておくと安心です。

対処法②

端末を遠隔操作することができる MDM 管理に登録していることで助かりました。端末を紛失してしまったとき、管理者は遠隔操作で紛失モードにすることで、画面をロックした状態で持ち主に連絡をお願いするメッセージを表示することができます。さらに、端末の位置情報も取得することができます。

どうしたら起こらないのか？

端末の MDM 管理をおすすめします。日常生活の中で、思わず紛失してしまうことがあります。生徒の場合でも、うっかり移動教室に置き忘れたり、自宅に忘れてしまったりする場合もあります。そのようなときに、管理者に相談して、すぐに対応してもらうことができます。（→ Q&A 16 参照）

学校現場では生徒指導や保護者対応の「さしすせそ」が心がけられています。さ：最初が肝心、し：情報を整理し、す：すばやく、せ：誠意を持って、そ：組織で動く。端末管理の「さしすせそ」でも利用できそうですね。

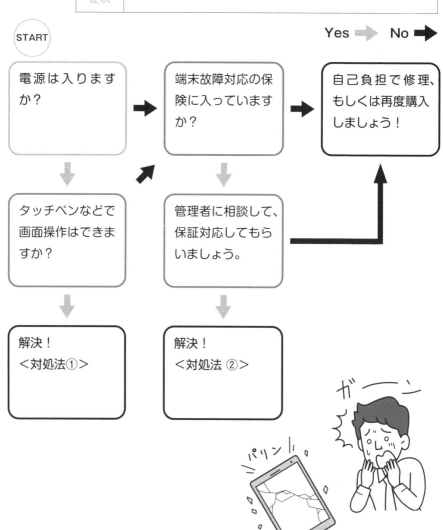

あるあるトラブル⑬

突然、端末を落として割ってしまった

主な症状	端末を落として液晶画面を割ってしまった。

START

Yes ➡ No ➡

電源は入りますか？

端末故障対応の保険に入っていますか？

自己負担で修理、もしくは再度購入しましょう！

タッチペンなどで画面操作はできますか？

管理者に相談して、保証対応してもらいましょう。

解決！
＜対処法①＞

解決！
＜対処法 ②＞

ガーン

パリン

まずはここを確認！

- 端末の電源は入りますか？
- 端末故障対応の保険に入っていますか？

対処法①

　端末を壊した場合、まずはデータが消えていないかどうか不安になると思います。電源が入り、タッチペンなどで操作ができれば問題ありませんが、電源が入らない場合、端末に保存したデータを復元することはできない可能性が高いです。ただし、クラウドに保存していた場合は、別の端末からでもアクセスできます。日頃から、端末本体とクラウドの併用保存をおすすめします。

対処法②

　端末故障対応保険の適用範囲の場合は、管理者に相談して保証対応の手続きをしてもらいましょう。適用範囲外の場合、自己負担の修理となり、端末本体と同じくらいの金額になる場合もあります。学校利用の場合、保険に入っていると思いますが、できるだけ様々なトラブルにも対応してもらえる保険をおすすめします。

どうしたら起こらないのか？

　使用ルールや取り扱いについてのオリエンテーションを行ったとしても、毎日利用する端末であるため、うっかり落としてしまうこともあるでしょう。そんな時に、端末をしっかりカバーしてくれる保険が安心です。

　保険加入は財産を守ることが目的ですが、端末を壊してしまった本人の心のケアやサポートとしての側面もあることを付け加えておきます。

ファイルを開こうとしたら、アカウントとパスワードを忘れてしまった

主な症状	クラウドに保存してあるファイルにアクセスしようとしたら、どのアカウントにファイルを保存していたか忘れてしまった。

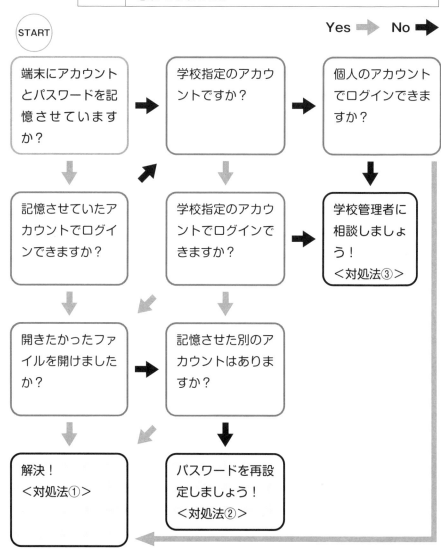

START

Yes ⇒　No ➡

端末にアカウントとパスワードを記憶させていますか？

学校指定のアカウントですか？

個人のアカウントでログインできますか？

記憶させていたアカウントでログインできますか？

学校指定のアカウントでログインできますか？

学校管理者に相談しましょう！
＜対処法③＞

開きたかったファイルを開けましたか？

記憶させた別のアカウントはありますか？

解決！
＜対処法①＞

パスワードを再設定しましょう！
＜対処法②＞

まずはここを確認！

- 端末にアカウントを記憶させていますか？
- 学校指定のアカウントはありますか？

対処法①

最近は端末自体にアカウントとパスワードを記憶させておくことができます。使うアカウントやパスワードが増えてきたときは、上手に利用すると良いでしょう。

対処法②

個人アカウントのパスワードを忘れてしまったときは、多くの場合ログイン画面に「パスワードを忘れてしまったときは？」と表示がありますので、そこからパスワードの再設定をしてみてください。

対処法③

学校指定のアカウントは、学校管理者でパスワードの再発行ができます。パスワードをどうしても思い出せないときは、再発行をしてもらいましょう。

どうしたら起こらないのか？

多くの場合、パスワードの保存をするかどうかを聞かれるタイミングは、インターネットを使っているときでしょう。そのため、端末に保存して良いかどうか不安に感じるかもしれません。しかし、パスワードは自分のアカウント内または端末自体に保存されますので、第三者にパスワードが公開されるようなことはありません。

どこかに紙のメモをとっておくのも一つの方法ですが、その取扱いには細心の注意が必要です。また、いつも手元にメモを持っておくことも難しいので、例えばご自身のスマホにメモしておくなども一つの方法です。（→ Q&A 14 参照）

ログインしようとしたら、
パスワードを忘れてしまった

主な症状	アカウントはわかるが、パスワードを忘れてしまった。紙にもメモしていなかった。

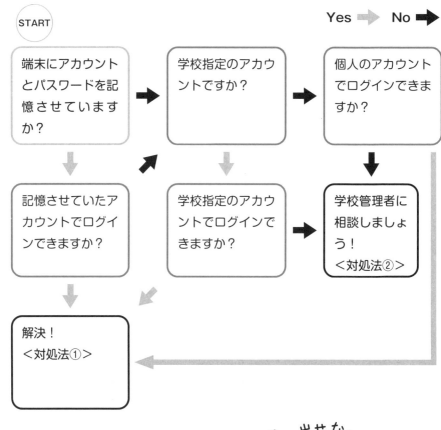

START

Yes ➡   No ➡

端末にアカウントとパスワードを記憶させていますか？ ➡ 学校指定のアカウントですか？ ➡ 個人のアカウントでログインできますか？

記憶させていたアカウントでログインできますか？

学校指定のアカウントでログインできますか？

学校管理者に相談しましょう！
＜対処法②＞

解決！
＜対処法①＞

思い出せない...

まずはここを確認！

- 端末にアカウントやパスワードを記憶させていますか？
- アカウントは学校指定のものですか？

対処法①

　最近は端末自体にパスワードを記憶させておくことができます。使うアカウントやパスワードが増えてきたときは、上手に利用すると良いでしょう。

対処法②

　学校指定のアカウントは、学校管理者でパスワードの再発行ができます。パスワードをどうしても思い出せないときは再発行をしてもらいましょう。

　個人アカウントのパスワードを忘れてしまったときは、多くの場合ログイン画面に「パスワードを忘れてしまったときは？」と表示がありますので、そこからパスワードの再設定をしてみてください。

どうしたら起こらないのか？

　紙のメモをとっておくのも一つの方法ですが、その取扱いにはくれぐれも細心の注意を払ってください。生徒が教師の机の上にあるパスワードを記憶して学校のサーバーに侵入し、自分の成績を改ざんしたという事件が実際に起きています。こういった不正ログインを防ぐためにも、できることなら「二段階認証」をしておくとよいでしょう。

　「二段階認証」とは、前もってアカウントに学校や個人の携帯の電話番号をひも付けておく方法です。ログインする際には、パスワードだけでなく、登録した電話番号に送られる数字を入力しないとログインができなくなるセキュリティシステムで、端末のセキュリティを大幅に高めることができます。

Microsoft Teams

生徒と教師間での課題や文書、写真などの
共有に使えるアプリ

学級通信もデータ配信で

日々の連絡や週末の課題配布・回収など、子どもたちとの情報のやりとりは多いですよね。そんな情報共有におすすめしたいのが「Microsoft Teams（マイクロソフトティームス。以下、Teams）」です。

Teams には、チャット、音声通話、ビデオ会議、ファイル等の共有など、さまざまな機能があります。例えば、担任をしているクラスでチームを作り、日々の連絡や、個人面談日程アンケート、学級通信などをデータ配信することができます。子どももチャット機能を利用しながら教師に質問することができます。

いつでもどこでも作業ができる！

また、文書・写真などをアップロードすることで、インターネット環境を経由して、いつでもどこでも情報共有や、編集作業をすることができます。作成日時やファイルの名前で検索することで、必要なデータをすぐにみつけることもできます。日常的に Teams を利用することで、子どもたちだけでなく、教師たち自身も学校生活の内容の見直しや教育活動の共有化が期待できるかもしれませんね。

3章

ICTを語るより
教育を語ろう
（座談会）

ICT MEETS GIRL

GIGA スクール構想のスタートとともに、タブレットが一人一台配られた活水中学校（長崎県／私立女子校）。実際、生徒はどんな感想をもち、どんな活用を期待しているのかお話を伺いました。

左が現・元担任の樫原先生、右が ICT 担当の岩永先生

ICT が4月から
導入されたけれど……

司会：この4月から ICT が導入されましたが、皆さんはタブレットをスムーズに使えていますか？

林さん：導入された頃は iPad の扱い方や初めて見る学習アプリの使い方に慣れませんでしたが、頻繁に使用するようになってからはスムーズに使えるようになりました。

小島さん：ロイロノート（授業支援アプリ）などのアプリにログインしなきゃいけないときに時間がかかったり手間がかかったりはします。それ以外はスムーズに使えています。

米谷さん：「ログインされていない」とかトラブルが起こったりすることはあります。

元川さん：私もスムーズに使えていると思います。でも、やっぱりまだ ICT を始めたばっかりで不慣れな部分があったりするので、これからたくさん使用して徐々に慣れていったら、さらにスムーズになると思います。

樫原先生：授業で使っていて思うのは、作業するのが速い生徒もいれば、中には全く触っていない生徒もいて差が大きいなと感じます。でも大人と子どもを比べると子どものほうが速いと感じます。他の先生でも生徒に教えてもらうことが結構あるみたいです。

いままでの授業と比べて
一番変わったのはどこ?

司会:ICT やタブレットが入ってきて変わったところを具体的に教えてもらえますか?

小島さん:いままでは発表するときは挙手制だったんですけど、ロイロノートを使ってみんなが意見を先生に送って、それを先生のタブレットでテレビに映すことができるので、いままでは発表するのがちょっと恥ずかしいと思ったりしてたんですけど、それはほとんどなくなりました。名前も出ないし、いろんな人の意見も見れるし、前よりもすごく勉強になるなって思いました。

米谷さん:タブレットで小テストをすることもあって、新しい形になったのがびっくりしました。

林さん:国語の授業では、書いたものを写真に撮ってクラスのみんなで共有して読み合うことができて、いろんな人の意見を知ることができるのでいいなと思いました。

元川さん:私も、すらら(デジタル学習教材)を使ってその日のうちに家で復習したり、自分でドリルなども作ることができて、そこでまた自分の不安もなくしたりすることができるので、すごくいいと思います。あと、Teams というクラス全体でチャットできるも

のがあって、行事予定などもみんなに早く伝わるし、保護者にも伝わりやすいのですごくいいと思います。

樫原先生:ICT やタブレットを使うことでみんなの意見が見られるのが教員にとっても大きな変化です。発表するのが苦手な子たちの意見が見られるというのがすごくいい。「こんな意見があるんだ」とか「こんな間違い方をするんだ」のように、教師も学べるというのが一番のメリットだと思います。

これからの ICT の使い方は?

司会:これからタブレットを使ってこんな授業をしてほしい、こんな使い方はどうかという提案はありますか?

小島さん:もし、またコロナの影響で学校に来られなくなって、オンライン授業をしなければならないとき、まだ1回も実践したことがないので、いまの

「タブレットがあることで発表しやすくなった」と語る小島さん。右が樫原先生

うちに練習しておきたいです。

米谷さん：私もオンライン授業を体験し
たいです。万が一休校になったときに
スムーズに使えるように練習してみた
いです。

林さん：すべての教材や教科書の内容を
タブレットに取り込んでおけば、いつ
でもどこでもスムーズに勉強できるの
ではないかなと思いました。

元川さん：タブレット内に取り込んで紙
の教科書をできるだけ少なくすること
で、資源削減もできるんじゃないかと
思います。

樫原先生：教材の８〜９割をタブレット
の中に入れておけば、教科書を持ち帰
るときの重さがなくなる、そして無駄
なプリントが減ると思います。タブ
レットに全部教科書が入っているとい
うのは今後すごく期待したいと思いま
す。忘れ物も減るしね。ただ、数学の
教員としては、計算過程はきっちり紙
で書いてほしいという思いはありま
す。国語の先生にも聞いたんですけれ
ども、漢字の練習もやはり紙のほうが
頭に入るようです。テストなどでタブ
レットに書き込むのは全然ありだと
言っていました。

コロナのとき、学校は？

司会：昨年、コロナで休校したときには
学校はICTに関してはどういう状況

「その日のうちに家で復習できるので、不安がなく
なる」と語る元川さん（左）

だったのですか？

樫原先生：昨年は一切入っていなくて、
何もできない状況でした。

小島さん：先生たちが急いで準備してく
れた冊子などで宿題をやっていまし
た。

司会：新聞やテレビで、他の学校ではオ
ンライン授業をやっているっていうの
を見たときにどう思いましたか？

米谷さん：東京とかではオンライン授業
を進めてるけど、私たちは大丈夫なの
かなって不安に思っていました。

林さん：私もニュースとかで他の地域は
どんどんICTを活用して学習を進め
ているのに私たちは取り残されている
気がしました。

司会：今年になってタブレットが配られ
て、やっと来たという感じでしたか？

米谷さん：はい。

司会：そのあたりについて、先生方はど
う思っていましたか？

樫原先生：僕は休校のとき、みんな何してるかな、1カ月友達と会えず、親が仕事などで不在の状況で家にいるというのが精神的な負担になっていないかということが、宿題以上に心配でした。ビデオ通話などで少しでも顔を見られる手段があれば良かったなと思います。なので、いまのようにタブレットを持っていることでつながることができる、連絡ができるというのはすごくいいと思います。

司会：生徒さんたちは勉強以外の面ではどうでしたか？ 休校中、例えば他の友達と連絡を取り合っていましたか？

元川さん：クラスのグループLINEがあって、みんなで届いた課題を一緒にやったり、コミュニケーションは取っていたんですけど、スマホを持ってない子もいたので、どうしているのかなって心配はありました。

小島さん：グループLINEで「今日は感

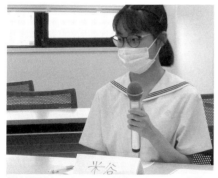

「休校期間中、オンライン授業を進めている学校を見て不安に思った」という米谷さん

染者数、何人だね」とか「増えてきたね」とかそういう話もしていました。あと、いきなり誰かが自分の小さい頃の写真をアップして、他の子たちも次々に送り合って「かわいい！」って盛り上がったり（笑）。でも、つながってない、連絡が取れない子とは話せなかったので、すごく悲しかった思いはあります。

米谷さん：私は逆にスマホを持ってなかったので、ほんとに一部の人と電話くらいしかできなくて、他の人、何してるのかなって思ったりしました。

林さん：私も時々はみんなでグループ通話をしていたんですが、そんなに頻繁にはできなかったので、クラスの子、どうしてるかな、一緒にまた勉強したいなって思っていました。

もしオンライン授業になったら

司会：もしいま、臨時休校になったらどうしますか？

樫原先生：20分一コマで、6コマを午前中に行いたいと考えています。その20分のために朝起きる。授業があるから起きなきゃいけないという意味で生活習慣も確保できると思います。タブレットでの授業も20分だけなら集中できると思うので、少しでも進んでおいて、休校が明けたときにばっと復習する。それから、毎日1分でもいい

ので、「元気？　変わりない？」って出欠を取るのも兼ねて連絡したいと思います。

司会：時間割はオンライン授業になった場合、臨機応変に変更できたりするのでしょうか？

樫原先生：そうですね。教員同士で話したときには、国語、英語、数学、理科、社会を中心にできることがあるかなと。臨機応変に組んで、その日その日で明日の時間割を送って。体育もできるかもしれません。ラジオ体操や、教師が体操した録画を送ったりしてもいいんじゃないかと考えています。

その他、ICT でできること

元川さん：美術などでも、最近はタブレットで絵も描けるし、家庭科も家でお手伝いしたり、オンラインになってもできるだけ全部の教科をきちんと時間割どおりにやっていけたらいいなって思います。

小島さん：全員でお昼ごはんの時間をオンラインでつないで、食べながらおしゃべりできたら楽しいなって思います。いまは昼休みに席をくっつけて友達としゃべりながら食べることができないので……。

米谷さん：家で合唱してみたいです。

林さん：英語のアニメとか映画をみんなで鑑賞したら英語の勉強にもなるし、

「オンラインで英語のアニメや映画をみんなで鑑賞してみたい」という林さん

楽しめるかなと思います。

司会：タブレットがあれば、学校でなくてもできることがかなりありそうですね。家での宿題のやり方も変わってきたのではないですか？

米谷さん：これまでは英語の発音とかは授業の時間に先生の発音を聞いて練習するだけだったんですけど、いまは家に帰っても、QR コードが教科書についているので、それで読み取って暗唱の練習をしています。

小島さん：ただ、英語のつづりや文法は実際に書きながら問題を解いたほうが頭に入るし、手で書いて覚えるほうが勉強になるんだなって気づきました。

林さん：授業中に理解できなかったことも、すららでまたレクチャーを受けられるので、復習したりして学力の向上になっています。

司会：教科や単元にもよるけれども、これまでどおり紙に書くほうがいいこと

とタブレットを使ったほうがいいこととがありそうですね。その辺は先生方も試行錯誤しながら宿題を出している感じでしょうか？

樫原先生：そうですね。全部が全部タブレットではなく、さっきお話ししたように数学の計算は途中式も大事なので、紙でしてほしいと思います。一方、意見交換などはICT活用がすごく便利だなと思います。高校入試や大学入試の問題も変わってきているので、やっぱりこのまま紙だけ、ということはないのではないかと感じます。

司会：トータルとしてはタブレットを導入したことで学習の効率は上がってきそうですね。それは一番の成果ですね。

米谷さん：授業中に、例えば国語の授業で難しい言葉とか疑問に思ったことがあったらすぐに検索して調べることができるのもいいと思います。

小島さん：私たちのクラスでは教室のホワイトボードに連絡事項を書くんですけど、それをみんなタブレットで写真に撮って帰ります。あと、ダンス発表会の曲選びもタブレットで「こういう曲があるよ」とかみんなで共有したりします。写真も一人のタブレットの中に入っていたら全員に送ることができて、すごくやりやすいです。

司会：授業以外でもいろんな活用をしているんですね。先生からこうしなさいと言われたこともあるかもしれないけれど、いろいろなアイデアが若い感性の中から出てくるんだなと思いました。この座談会で出たお話を全国の先生たちにもシェアしたいと思います。ありがとうございました。

<参加者プロフィール>

小島さん：私立活水中学校3年生。部活動はYWCA、お題解決愛好会。好きな教科は体育。学校で好きな時間は昼休み。

米谷さん：私立活水中学校3年生。部活動はYWCA、ハンドベル部。好きな教科は英語と音楽。好きな学校行事はダンス発表会。

元川さん：私立活水中学校2年生。部活動は放送部。好きな教科は国語。学校で好きな時間は昼休み。

林さん：私立活水中学校2年生。好きな教科は数学。学校で好きな時間は、友達と話したり、授業でわからなかった問題を教え合う昼休みの時間。

樫原司門さん：私立活水高等学校・活水中学校教諭。中2・中3・高3の数学を教えている。担任は中2。教育上のモットーは「当たり前のことを大切に。基礎・基本を大切に」。生徒には、楽しい学校生活であってほしい、楽しく様々なことを学んでいく中で成長してほしいと思っている。

ICTを語るより教育を語ろう

全国の学校現場では、実際にいまどのような状況で、先生方は何を考えて日々ICTと向き合っているのでしょうか。それぞれの学校の"いま"、そしてICTで今後こんな教育がしたいという思いを、小学校・中学校・高校の校種を越えてオンラインで語り合っていただきました。

オンライン会議アプリ「zoom」を使って2021年6月に開催しました

ICT が導入されて

司会：本日はお忙しいところお集まりいただき、ありがとうございます。この座談会では、小中高の先生方と校種の違い、地域の違いなども超えて情報交換しながら、ICTが学校に導入されて、いま、どのような状況なのか、どんなトラブルが起きているのか、そして、今後ICTを使ってどんなことができるのかなど、ざっくばらんにお話しいただきたいと思います。

米田さん：座長の米田です。兵庫県の私立高校に勤務しています。では早速、それぞれの学校で、GIGAスクールが始まってからのICTの状況を教え

てください。

齋藤さん：鹿児島県の離島の高校に勤務しています。生徒数は120名ぐらいなんですけれども、40台タブレットが入りました。突然、教員と生徒分が配られて、これでやってください、という感じでした。なるべく使ってみようと思って、Google Jamboard（ホワイトボードのように話し合いを視覚化できるGoogleの無料サービス）などを使ってみています。去年まではICT関係で頑張ってくれる方がいたんですが、異動してしまったので、今年は全体的にあまり活発ではありません。

三浦さん：岩手県の公立小学校勤務で

す。私の自治体では、2学期からの配備という状況です。一人一台という状況はまだ絵空事のような感覚で、それぞれの教員がどこまでイメージをもてているのか……という段階だと思います。夏休みには研修があるので、個人的には早く触れてイメージをつかんでおきたい思いでいっぱいです。

Yさん：宮城県の公立中学校です。うちの学校は、5月の初めに生徒全員分のタブレットがそろって、アカウントも全員取得させたところです。機種はiPadで今日AppleTVを設置してきました。しかし、職員はまだ全員分そろっていなくて、教員で使っているのは私も含めてまだ4名程度です。私は特別支援学級担任なので、多分使うだろうということで優先していただきました。それぞれが授業の中でどんなことができるか模索しています。一人一台のタブレットは支給されたものの、格納庫で保管していて、授業で使うたびに出し入れしているので、生徒たちが、わーっと格納庫に集まって密になるということが課題です。また、プリンターが設置されていないという問題があったり、使う職員と使わない職員がいたりするので、どういうふうに使っていくといいのか、これから職員で共有できればいいなと思っています。

ICTには「遅ればせながら組」と語る座長の米田さん（私立高校）。「ICTのことがわからなくて困った」ことから勉強会に参加するようになった

活用したい？　したくない？

米田さん：一人一台入っている学校から、全く入っていない学校まであるということですね。整理するために、ICT活用について、座標軸で表してみたいと思います（次頁）。「ICTをどんどん活用したい」から「あまり活用したくない」というのを横軸に。「ICTは便利でいいぞ！」から「ICTで困ったな」を縦軸に。みなさんは、いまどこら辺にいらっしゃいますか。Yさんはもっと活用したいし、ICTいいぞいいぞって感じですか。いや、ちょっとまだ難しいな、ですかね。

Yさん：私は右上の「いいぞ！活用したい」ですね。美術でいま2年生と3年生を中心に使っていますが、無理に使いなさいとは言っていないんです。例えば、ポスターを授業で描く際に、画

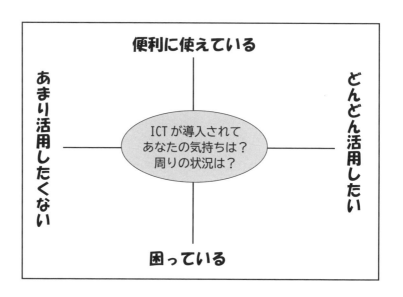

便利に使えている

あまり活用したくない

どんどん活用したい

ICTが導入されて
あなたの気持ちは？
周りの状況は？

困っている

像選びなどでタブレットを使いたい子は使って良いことにしています。また、アイデアスケッチを描くときにデジタルペンを使いたい子は使っても良いし、アナログのほうがいい子は紙に手描きで描いて出すというように、生徒のやりやすい方法を選ばせています。ICTのデメリットは、なかなかテーマが決まらなくて画像を見ているだけで1時間が終わっちゃったりする生徒もいること。画像を見ているだけで全然深まらない生徒たちもいるので、その辺の歯止めのかけ方が大事ではないかと気づき始めました。

米田さん：齋藤さんはいかがですか。

齋藤さん：私のところは島でも中心部から離れているので、そのせいかネットがつながらない。時間帯にもよりますが、せっかく使いたいなと思って持ってきても、全然ネットに繋がらないこともあって困っています。

米田さん：活用したいんだけどネットの状況なども含めてちょっと困っているという右下の先生は多いのかもしれませんね。三浦さんは聞くまでもなく、早く入ってきてほしいという感じでしょうか。

三浦さん：私は推進したい派なので、早く入ってきてほしいです。ICTに限らず得手不得手がどの人もあると思うので、困ったぞっていう人がいたら一緒にやっていきたいなと思います。いまは各学級1台ずつiPadが入っているので、使いたいときにはそれを一気に借りて、各班に1台ずつタブレットを配り、可能な限り子どもたちに触らせ

ています。Yさんがお話しされていた
とおり、子どもたちにとにかく触らせ
る時間を保証することが必要だと感じ
ます。ろくに触らせないまま中学校、
高校に上げれば、中学校、高校の先生
は大変な思いをすると思います。大学
入学共通テストでも「情報」が入って
くるかもしれません。デジタルネイ
ティブ世代と言われている小学生を受
け持っている立場からすると、このよ
うな教育の情報を知っておきたいと
思っています。一人一台配られたはい
いけど文鎮状態で終わらせたくはない
です。

実際に入ってから起こる問題

米田さん：GIGA スクールが始まった
といっても各学校様々な状況ですね。
そんな中 ICT 機器が導入され、動き
出したときに起こってくる問題がある
と思います。先に導入の進んでいる岩
永さん、いかがですか。初期のころ、
こんなふうにみんなで共有しましたよ
とか、何か参考になることがあったら
教えてください。

岩永さん：私は教務部に所属していたの
で、教務部員と一緒に1カ月に1回、
テスト期間中の最終回などに「1時間
ちょうだい！」とお願いして研修を重
ねていきました。最初は3～4人か
ら、仲間を少しずつ増やしていくよう

離島の学校に勤務する齋藤さん（公立高校）。「ICT
の普及で地方と都会の差がなくなっていけたら」
と願っている

な形でした。

米田さん：研修の時間を取るのは厳し
かったですか。

岩永さん：そうですね。先生方はそれぞ
れ部活や研修もあって調整が大変でし
たが、やっぱり必要と思っている先生
もいるので、声掛けをしながらやっ
ていきました。iPad を導入させても
らっているんですけれども、一番良
かったのは業者さんをうまく巻き込
みながら研修させてもらったことで
す。職員会議も少しずつペーパーレ
スでやっています。「どこを見たらい
い？」って年配の先生に困惑されたり
もするんですけれども、諦めずにやっ
ております。

米田さん：齋藤さんの学校は、いかがで
すか。

齋藤さん：うちの学校は去年、研修を3
回行いました。Classroom（Google

が提供する授業プラットフォーム）の使い方とか、自分は授業ではこういうふうに使っています、などを共有しました。これからも積極的に情報を集めていかなければいけないなと思っているところです。

米田さん：Ｙさんの学校はいかがですか。

Ｙさん：昨年度、私の学校からは地域で行われる研修会に7人ぐらい行きました。そして同じ日に20分間でも時間を確保して、研修に行かなかった職員にアカウントの取り方などを一斉に教え合うということをやりました。

米田さん：Ｙさんの学校の職員数は30人ぐらいでしたね。

Ｙさん：はい。でもZoom（オンライン会議アプリ）で会議があるといっても、Zoomのアプリが入っているタブレットが一つしかなかったり、使い方がやっぱりわからないという先生も多かったり、職員室内で無線（Wi-Fi）がうまく飛ばなかったりして、研修はやってみたけれど今一つだったな……という感じでした。あとは、職員のタブレットにはアプリが入っているけれど、生徒のタブレットには入っていなくて、これ良いアプリだよって紹介したものの授業では使えなかったり……。教員は使ってもいいけれど、生徒にとっては操作を覚えるのに時間がかかるものだったりします。

「せっかく入ったのなら、使わないともったいない」と語る三浦さん（公立小学校）。東日本大震災の時にインターネットの情報が早かったこともあり、子どもたちに端末を持たせる意義を感じている

米田さん：三浦さんの学校はこれからだと思いますがいかがですか。

三浦さん：端末が入っていないからこそ戦略を立てられることもあると思うんです。例えば、体育で一人が縄跳びをやって、もう一人がiPadで動画を撮る、それを見合って良かったところを伝える、みたいな使い方なら馴染みやすい。「こんな活用事例もありますよ」、と端末に抵抗のある先生方には一人一台導入前に少しずつコマーシャルしています。もう一つの端末の役割として、防災に活用できるという事例を伝えています。私は教育研究所の防災部会に昨年度から携わっています。その中で、九州の豪雨災害でもSNSのおかげで早く救助を呼ぶことができたという話題を上げました。防災のツールとして扱うことの重要性をお話しして、ちょっとずつ布石を打ってい

ます。

米田さん：反応はどうですか。

三浦さん：前向きに捉えてくださったか
　なと思います。

米田さん：素晴らしいですね。

三浦さん：災害ではテレビが使えないこ
　ともあります。それこそ東日本大震災
　では、岩手県は一気に停電してしま
　い、ラジオやインターネットで情報を
　集めた経験がありました。他の地域で
　も、九州の豪雨や、長野県で新幹線が
　どっぷり浸かってしまったりと大きな
　災害が増えてきています。今後はネッ
　トでの素早い情報収集にシフトしてい
　くのだろうと感じています。

ICT の可能性は

米田さん：ありがとうございます。いろ
　んな方面で悩みが出てきますね。いま
　防災の話が出ましたが、防災教育につ
　いて何かコメントはありますか。

松下さん：高校では来年度から地理
　総合が必修科目としてスタートしま
　す。そこで GIS（Geographic
　Information System）、地理情報シ
　ステムの活用が学習指導要領上にも
　明記されています。つまりタブレッ
　ト端末や Chromebook（Google の
　Chrome OS を搭載したコンピュー
　ター）など端末の活用が前提となって
　いると考えられます。やはり日頃から

本書の編著者の一人である岩永さん（私立中学校）。
「スムーズにいかない環境でもその中で努力されて
いることがわかった。本の執筆に活かしていきた
い」

地図のアプリとか国土地理院が出して
いるようなウェブサイトに生徒たちが
アクセスすることは、防災意識の向上
にもつながると思います。先ほどの
SNS 活用ももちろんですが、そうい
うところで生徒たちと一緒にやりなが
ら教員も学んでいけたらいいなと思っ
ています。

三浦さん：この前の全国学力調査、中学
　3年生の国語の問題もまさしくオンラ
　インやネット活用についてでしたよ
　ね。国としてもデジタルを使うのが当
　たり前という前提で進めている一方、
　現場はまだまだそこまで行っていない
　と思うのです。小学校が一番、固いの
　かもしれないと感じます。

米田さん：小学校が一番進んでいるのか
　と思っていたんですけれども。高校現
　場も同じで、取り入れたいのだけれど
　大学入試があるので、なかなか意識が

変われなかったりもしているように思います。ICT が入ってくるにあたって、将来の子どもたちにはこういうことが必要なのではないか、ということはありますか？

三浦さん：私自身は SNS でもたくさんの方とコミュニケーションをとっています。そういう意味ではコロナ禍だからこそ、ネットを介してさまざまな立場の先生方と関われたと感じます。SNS はうまく使えば、良いコミュニケーションツールだと思っています。当然その中にはどこまで情報を出していいのかという意識や、他者を敬うこと、自分を律することなどが大切になってきます。また、Twitter は 140 文字以内という制限があるので、要約の力も必要です。そういう使い分けも自分自身にとって勉強になると思ってやっています。せっかくあるんだったら使わないのはもったいないです。

米田さん：可能性を感じてやっていらっしゃるんですね。齋藤さん、いかがですか。

齋藤さん：特にうちは離島ということで、こういった形で遠くの方たちとも交流が活発になることで、地方と都会の差がなくなっていくようにしていけたらいいなと思っています。あとは他の学校で、タブレットを使う中でのルールなどがあったら教えていただきたいです。

本書の編著者の一人である松下さん（私立高校）。「今日、一番勉強になったのは対話の大事さ」。校内で ICT についての温度差があっても諦めないことが大切だと感じた

米田さん：Y さんの中学校では、ルールはありますか。

Y さん：あまり厳しい規制は設けていないですね。授業が終了したら、格納庫を開けた職員が鍵を閉めるということぐらいです。生徒の持ち帰りはまだ教育委員会レベルで許可されていないので、しばらくは格納庫と教室の行ったり来たりが続くと思われます。ただ、授業の中で一定のルールは教えています。生徒たちは教員の話はだいたい聞いてくれるので、これは操作してはいけないよとか、その辺は言えば理解してくれます。ちょっと気を許すと、授業中に関係ない動画を見ていたりする子もいないわけではないですが、周りの子たちが「先生に注意されるよ」って声を掛けたりしてくれます。あと、ちょっと難しいなと思ったのは特別支援学級ではローマ字入力が難しい生徒

がいます。検索をしたいものの、どのような言葉を入力するのが良いかわからないとか、ローマ字入力をはじめ、打ち込みに時間がかかりすぎて、悲しんでいます。音声入力も滑舌の問題でうまくいかなかったり。そういう生徒にどういうふうに操作させてあげるといいのかなと日々考えています。

米田さん：ICT の可能性として、何かありますか。

Yさん：可能性はいっぱいあると思うんです。絵を描くだけじゃなくて、子どもたちが調べた内容を紹介したりもできますし、こちらが知らなかった情報をうまく見つけてきたり。このアプリを使うと写真の加工ができるとか、小学校で自由にやってきた環境がうまく生きているなと感じています。

米田さん：ルールのことだけでも、校種によって異なる状態が聞けました。中学校は意外と自由だったりしましたが、その前の小学校での経験があるからなのですね。高校は、学校の状況が多種多様です。その中で生徒が安心して活用できるよう情報モラル教育が行われることが多いと思いますが、デジタル・シティズンシップという観点を取り入れているところもあり、ルールの在り方も少しずつ多様化してきているようにも思います。このあたりにICT が果たす役割とこれからの教育に向けた新たな可能性があるようにも思

います。

座談会を振り返って

米田さん：短い時間でしたが、こうやって普段出会えないような遠方の先生方とお話をすることができました。ICT 活用に正解があるわけではないですし、この座談会の目的の一つが「情報交換」でしたね。この場を一緒に過ごしていかがでしたか。

齋藤さん：他の校種の先生方と話す機会はあまりなかったので勉強になりました。ありがとうございました。

米田さん：Yさん、どうでしょう。

Yさん：正直、GIGA、GIGA って言っているわりにまだ全然進行していないな、という印象が強くなりました。全国にじわじわとタブレットを活用した授業が導入されていくといいなと思いました。ありがとうございました。

米田さん：三浦さん、いかがでしょう。

三浦さん：非常にパワーをいただいたというか、校種も違いますが通じるものがあって見識が深まりました。この座談会でいただいた情報も参考に、ICT のこういうところが売りだよ、メリットだよということを教師で共有し、実践を積み重ねて、子どもたちに還元できればなと思っています。ありがとうございました。

米田さん：岩永さん、どうでしょう。

岩永さん：先生方が一生懸命ICTに向き合って、スムーズにいかない環境であってもその中でどうしようかという努力をされていることがわかりました。先生方の思いを受けとめて本の執筆に活かしていきたいなと思いました。

米田さん：松下さん、いかがですか。

松下さん：今日、一番勉強になったことは、対話をすることがすごく大事なんだということでした。特にICTについて、苦手意識というか毛嫌いというか、そういう思いをもたれている先生もいらっしゃると思うんですね。その方たちと、かつてはたくさんバトルしていましたが、諦めずに対話をすることって本当に大事ですね。ありがとうございました。

米田さん：私は50代でICTを始めた「遅ればせながら組」なんです。本書の編著者の一人ですが、いろんなことができてICTを引っ張っているわけでもなんでもなくて、一番わからなくて困っていながら今日を迎えています。座標軸でいうと右下なんです。それを松下さんや岩永さんにフォローしていただきながら、本の執筆に参加させてもらって、みなさんと出会えて本当に勉強させてもらっています。ICTのおかげで、校種を越えて、物理的距離を超えて、みなさんとつながることができました。この可能性はとても素敵なことだなと思うのです。今後の課題は、いままで当たり前のようにしてきたこととICTをどう結び付けていくのか。いままでのやり方を否定するわけではなく、どうこれからにつないでいくのか考えるのが私たちのやるべき仕事だし、楽しみでもあるのかなと思っています。だからこうして他の学校の話を聞いて未来を感じたり、見せてももらえることが、いまとても幸せだなと思っています。学習指導要領の改訂でいろんなものが新しく入ってきましたよね。それらとICTは切っても切れない関係にあります。それをどう生かしていくのか。子どもたちのより良い将来のために、楽しんで生かせる方法を考えられたら一番いいのかなと思っています。つたない座長でしたけれども、みなさまのおかげで素晴しい時間を過ごすことができました。本当にありがとうございました。

司会：ありがとうございました。校種も地域もさまざまで、ICTの導入状況にも差があるけれど、子どもたちのために少しでも使い方を工夫してやっていこうという見えないバトンが、この画面上に見えていたような気がします。地域や家庭の経済状況にかかわらず、一人一台の端末を使って学習ができる環境が、本当に目の前に来ているんだなと実感しました。これからたくさんトラブルも出てくると思いますし、良

い活用方法もどんどん出てくると思い
ます。私たち出版社も引き続き発信し
ていけたらと思います。

＜参加者プロフィール＞

米田俊彦さん：兵庫県私立中学・高等学校勤務。国語を教えている。教育企画推進部を担当。
「むずかしいことをやさしく、やさしいことをふかく、ふかいことをゆかいに、ゆかいな
ことをまじめに書くこと。」という井上ひさしさんの言葉のような授業ができる先生にい
つかなりたい。おもしろいことをたくさん見つけられる人でありたい。

三浦大栄さん：岩手県公立小学校勤務。6年生の学級担任。座右の銘は「笑う門には福来た
る」。授業のユニバーサルデザインを目指した教育活動を行っている。目の前にいる子ど
もたちの思いに寄り添いながら、学級が「安心した居場所」となるより良い授業や学級づ
くりを目指している。

Yさん：宮城県公立中学校勤務。全学年の美術と、特別支援学級を担当。授業では、自分と
の対話を大事にしている。様々な作品を見ることを通じて多様な価値に気づかせ、感じ取
らせたい。情報機器はあくまで補助教材的な役割として適時に活用させたいと考えている。

齋藤孝誠さん：鹿児島県公立高等学校勤務。3年生の副担任と総合学習係チーフ。教科は地
歴公民。これまで一方的な知識重視の授業を行っていたが、現在の勤務校で総合的な探究
の時間の企画に携わり、教科でも生徒が主体的に思考できるような授業や、ICTの活用に
よる興味関心の引き出し方などに興味をもつようになった。

松下直樹さん：愛媛県私立中学・高等学校勤務。高校2年生の担任と進路部を担当。教科は
社会科・地理。日々、新しいことに挑戦している。当然ながら新たなことに取り組むとき
は、葛藤や失敗がつきものだが、その姿こそ生徒に届けたい。生徒たちが「次、何やるん
だろ？」という期待をもってくれたら嬉しいと思う。

岩永崇史さん：長崎県私立中学・高等学校勤務。高校2年生の担任とICT教育改革推進室を
担当。教科は社会科・日本史。「願い事は叶い事」「感じて動く」「礼を失せず」をモットー
にしながら、日々試行錯誤をしている。ICTを活用して、学校だからこそできる学びや、
わくわく経験・体験、特別感を生徒と共有したい。

ロイロノート・スクール①

感想や意見をその場で「提出」し、その場で「比較」する使い方

紙にまとめるのは時間がかかる…

　これまで、子どもたちの感想や意見などを全体で共有する方法として、一人ひとりが書いたものを教師がまとめ、次の時間にプリントで配布するという方法が一般的でした。子どもたちはこうしたプリントを読むのを楽しみにしています。しかし、タイミングが遅れると、その気持ちはだんだんと冷めてしまいます。「その場で返すことができたらいいのに」と思うこともしばしばあるのではないでしょうか。

回答をその場で「提出」「比較」

　そんな時、使えるのが「ロイロノート・スクール」です。子どもが、それぞれ端末を使い、ロイロノート・スクールの提出箱に送ると、その場で教師用タブレットに送信され、電子黒板などに即時に投影することができます。いま書いたばかりのコメントを一斉に表示することができます。言うならば、テレビのクイズ番組で回答者の答えをスクリーンに映し出すのと同じことが教室で可能になります。

　これを活用し、教師は子どもたちの答えを比較したり、共感する回答やユニークなコメントを選んで表示したり、その場で意見を求めることもできます。さらに、子どもたち同士で思いや意見を交流し、考えを深めていくこともできます。

今すぐ ICT
(Q&A)

Q 1 「ICT」ってそもそも何ですか？

▶ キーワード　ICT ｜ IT

A 1 「IT : Information Technology 」という言葉に「C : Communication 」が加わった用語です。「IT」とは情報を効率的に処理できる技術を指しますが、ICT はその IT 技術を活用して情報を伝達すること、相互に考えを分かち合うことに焦点を当てています。日本では先に IT が広まりましたが、世界的には ICT の方が一般的です。

Q2 「クラウド」ってそもそも何ですか？

▶キーワード クラウド   iCloud   Google ドライブ   One Drive

A2　「クラウド」とはインターネット上のデータ保存先のことです。クラウドはログインして使います。主なメリットは端末やOSの種類が何であっても利用できる点と、データを他の人と共有しやすい点です。利用しているサービスによってそれぞれ名前は違いますが、データを保存するという根本的な機能は同じです。各サービスのクラウド名の一例として「iCloud」(Apple)、「Google ドライブ」(Google)、「One Drive」(Microsoft) があります。画像、動画、文字データ、表計算シートなど、何でも保存できます。

Q 3 「OS」にいろいろな種類があってよく わかりません。

▶キーワード ┃ OS ┃

A 3 OS とは端末を動かすための基本プログラムのことです。OS は 端末の種類によって決まっています（表参照）。

Android、Windows は多くのメーカーの端末で使えるプログラムです。しかし、iOS、MacOS、iPadOS は Apple 社製の端末でのみ使えるようになっています。

●スマートフォン

端末の種類	OS
iPhone	iOS（アイオーエス）
iPhone 以外	Android（アンドロイド）

●パソコン

端末の種類	OS
Mac	MacOS
Chromebook（クロームブック）	Chrome（クローム）
上記以外	主に Windows

●タブレット

端末の種類	OS
iPad	iPadOS
kindle（キンドル）	FireOS（ファイアオーエス）
Surface（サーフェイス）	Windows
Android タブレット	Android

Q 4 ICTでいう「プラットフォーム」って 何を意味するのですか？

▶ キーワード　　OS　　プラットホーム　　マルチプラットフォーム

A 4 プラットフォームとは、一般的にOS（オペレーティングシステム）のことを指し、端末を動かすための土台となるプログラムのことです。しかし、どちらかというと「マルチプラットフォーム」という表現をされる場合が多く、ここでの意味は「どんな端末でも動く」ことを表しています。例えば、iPhoneでもAndroidでもWindowsでも動くという意味を込めて「マルチプラットフォーム」と表現されます。

Q5 「アップデート」って必ずしなければ いけないのでしょうか？

▶キーワード ┃アップデート┃ ┃バグ┃ ┃セキュリティ┃

A5 タブレット端末の OS や各アプリは定期的に「アップデートプログラム」（システムやアプリのセキュリティ強化、修正を行うプログラム）が提供されます。アップデートすることで「バグ」（システムの不具合）の修正や利便性の向上、セキュリティの強化が期待できます。しかし、これまで使えていたアプリや機能が使えなくなる場合もあります。特に OS のメジャーアップデート（例 ver.14.5.1 から 15.0.0 へ）提供開始後すぐはアップデートをお控えください。脆弱性や、ネットワーク環境の関係でアプリが使えない可能性があります。使用しているアプリが正式に対応を発表するまで控えるか、もしくは、デモ機でアップデートしてみて、不具合がなければ児童生徒にアップデートを許可すると良いでしょう。

Q 6 「再起動」って どんなときに行うのですか?

▶ キーワード　再起動　動作が遅い　フリーズ

A 6 　タブレット端末はスマホと同じように、毎回電源を切って再起動する必要はありませんが、アプリの動作が遅くなったときや、フリーズしたとき、インターネットに繋がらなくなったときに再起動をすると正常に動作することがあります。「何かあったらまずは再起動」が最短の解決策になる場合が多いです。また、OSや各種アプリのアップデート後には自動で再起動されることがあります。

　端末が完全にフリーズしてしまった場合には、強制終了をしてから再起動をしなければならないことがあります。強制終了と再起動の方法は端末によって異なりますので、予め確認して覚えておくと良いでしょう。

Q 7 ブラウザにはどのような種類と特徴が ありますか？

▶ キーワード　ブラウザ　　同期

A 7 インターネットブラウザ（ホームページなどのサイトを閲覧する アプリ）には、OS に依存するものと、どの OS でも共通で使え るものがあります。下記の表を参照してください。

アカウント登録をすると、お使いのどの端末でも同期することができます。 同期するとお気に入り登録や閲覧履歴などを引き継ぐことができます。

● OS とブラウザ、アカウントの関係

OS	インターネットブラウザ名	アカウント名
Windows	Microsoft Edge	Office365
MacOS	Apple Safari	Apple ID
どの OS でも使える	Google Chrome	Google

あなたのお気に入り
最近見たページ

同期できる！

Q8 「モバイルバッテリー」って何ですか？購入したほうが良いのでしょうか？

▶ キーワード　モバイルバッテリー　充電　バッテリー残量

A8　モバイルバッテリーとは、スマホやタブレットを充電するための機器です。バッテリーを内蔵しているため、コンセントに繋がなくても充電することができます。

　学校で端末を充電できる場合はそれほど必要ではありません。出張に出かけるときや、夕方までバッテリーの残量が足りるか心配な方は準備すると良いでしょう。

　また、端末を2年以上使った場合はバッテリーが劣化し、連続使用時間が極端に短くなる場合がありますので、そのような場合はモバイルバッテリーの購入を検討しても良いかもしれません。

Q 9 授業で取り入れやすいアプリはありますか？

▶キーワード [カメラアプリ] [写真撮影] [Google Classroom]
[ロイロノート・スクール]

A 9 特に簡単なもので有効なのはカメラアプリです。授業終了時に板書を撮影することで、次の授業の開始時に振り返りとして活用できます。また、ノートの内容を写真撮影し、提出させるだけで、効率よくノートチェックが可能です。英語の発音や歌唱を自撮りさせるなど、カメラアプリだけでも活用の幅は広がります。併せて Google Classroom やロイロノート・スクールといったアプリケーションを利用すると、教師からの配信や、児童生徒のファイルでの提出なども簡単に行うことができます。アプリケーションは有償のものから無償のものまでたくさんあります。先生方の授業に合うものを探したり、学内の先生同士で共有し合ったりすることも楽しいかもしれません。

ノートチェック中

Q 10 端末に必要なアプリが入っていないときにはどうしたら良いですか？

▶ キーワード　インストール　管理設定

A 10 端末の管理設定によって方法が違います。アプリを入れたい端末は、他の誰かが管理しているものですか？ それとも、ご自身が自由に使えるものですか？ 管理されている場合は、管理責任者が設定を行い、インターネットを経由してアプリを入れることができます。管理されていない場合は、以下の専用のアプリを開き、アカウントでログインしてインストールします。

　Windows や Mac の場合はインターネットからダウンロードも可能です。

Google Play
(Chromebook など)

Microsoft Store
(Windows など)

App Store
(iPad など)

Q 11 Google Workspace for Education のメリットは何でしょうか？

▶ キーワード   Google Workspace for Education   Google ドライブ

A 11 「Google Workspace for Education」は、学校管理者が Google と提携して、無償で Google の様々な編集アプリを利用できるサービスです。さらに、高いセキュリティ上で、簡単にユーザ管理・運用が可能です。生徒と教師のユーザ ID を作成すれば、すぐに Classroom やメール、Google ドライブなどの様々なサービスが利用できます。

Google のサービスは、Chromebook だけではなく iPad や Windows 端末でも利用可能なので、コストをかけずに活用を始めたい学校にはとてもおすすめです。特に Google ドライブは無償でも大容量です。端末にデータを保存せずにクラウド上の Google ドライブに保存することで、故障や紛失によるデータ消滅や容量不足に悩まされません。クラウド上に保存されているため、データを簡単に復元できることも魅力です。

■ Google Workspace で使えるアプリやサービス

▶キーワード　アプリの不具合　アプリの再起動　端末の再起動

A 12　アプリの不具合の原因はいろいろとありますが、まずは、①アプリの再起動をしてみましょう。それでもダメな場合は②端末の再起動をしてみましょう。OSのメジャーアップデートが行われた場合は、アプリもアップデートをする必要があるものもあります。それぞれ確認してみましょう。アプリ開発会社のサーバなどに障害が発生している場合は、復旧するまで利用することはできません。

Q 13 ID・パスワード入力時など、文字入力が思い通りにできません。

▶キーワード | ID | パスワード | 入力モード | キーボード |

A 13 まずは右ページの端末別の文字入力切替方法の表を参考に、切り替えを試してみてください。

　　　ほかにも、目で読み違えてしまうことがあります。例えばメモを見て ID・パスワードを入力する場合、I（アイ）・l（エル）や 0（ゼロ）・O（オー）や大文字・小文字を間違って読み取っていることがあります。メモを残す場合にふりがなをつけるのも良いでしょう。

　文字入力に慣れていない場合は、無料のタイピング練習アプリが多数ありますので、遊び感覚で練習してみてはいかがでしょうか。毎朝学級全員でタイピング練習をしている学校もあるようです。小学校低学年でローマ字入力ができないという場合は、かな入力やスマホでよく使われているフリック入力または音声入力を使ってみてはいかがでしょうか。物理キーボードがないタブレット端末で文字入力をする場合、物理キーボードを有線や Bluetooth でタブレット端末に接続させることも可能です。

　ちなみに「物理キーボード」とは、従来のデスクトップパソコンなどで使うキーボードのことで、画面内に表示されるキーボードは「ソフトウェアキーボード」と呼ばれています。

●文字入力の切替方法

大文字と小文字が正しく入力できない場合	
iPad	Shift（物理キーボード）or ↑（ソフトウェアキーボード）を押すと切り替わる 連続で入力する場合は、押しながら入力する
Windows Chromebook	Shift（物理キーボード）or ↑（ソフトウェアキーボード）を押しながら入力すると大文字になる。Shift + CapsLockで大文字が固定される
半角が全角になってしまう場合	
iPad	・マークを長押しして「English」を選択する
Windows Chromebook	半角／全角キーで切り替える。入力時に下線がつくと全角になっている
英語と日本語が切り替わらない場合	
iPad	・マークを長押しして、「日本語」or「English」を選択する
Windows Chromebook	半角／全角キーで切り替える
入力中に文字カーソルが上手く動かせない場合	
iPad	スペースを長押し、もしくは、ソフトウェアキーボード部分を2本指で長押しして動かす

Q 14 何度かパスワードを間違えたら、ログインできなくなってしまいました。

▶キーワード　パスワード　ロック

A 14 　ログインする際、連続で何度かパスワード（もしくはパスコード）を間違えてしまうと、ロックが掛かったり一定時間使用できなくなったりすることがあります。また、パスワードのリセット（初期化）、再設定が必要になることもあります。これらの方法はアプリやサービス、端末によって様々です。校内の管理者または教育委員会の担当者しか対応できないこともありますので、事前に確認しておきましょう。

　「他人にはわからないけど自分には覚えやすい」パスワードを設定するよう心がけましょう。ただし、パスワードの使い回しや、誰にでも見えるところにメモすることはやめましょう。

パスワードは
スマホにメモ
（念のため紙にも）

Q 15 iPad のパスコードを変更するには どうしたら良いでしょうか？

▶キーワード　　iPad　　　パスコードの変更

A 15 通常、「設定」から行います。「Face ID とパスコード」もしくは「Touch ID とパスワード」を選択し、現在のパスコードを入力します。少し下にスクロールをして、「パスコードを変更」から変更を行います。

MDM（モバイル・デバイス・マネジメント）で管理されていて、パスコードの変更が許可されていない場合は、管理者に依頼します。

パスコードは定期的に変更したほうが良いですが、忘れないようにしましょう。iPad は複数回パスコードを間違えて「この iPad は使用できません」という表示になると、工場出荷状態に戻す初期化作業が必要となります。忘れてしまった場合は管理者に早めに相談しましょう。

■「設定」の「Touch ID とパスコード」の画面。下のほうに「パスコードを変更」ボタンがある

4章

今すぐICT

101

Q 16 端末のセキュリティ対策は どのようなものが必要ですか？

▶キーワード　セキュリティ対策　MDM

A 16 他人が勝手に利用しないように、パスワードを推測できるような「123456」や学籍番号、誕生日などの設定にすることは避けましょう。顔認証や指紋認証はできる限り設定したほうが良いでしょう。また、外に持ち出すなら紛失時に遠隔で初期化できるシステムを入れておくのもおすすめです。これらは MDM（モバイル・デバイス・マネジメント）というモバイルデバイス管理システムで設定することができます。教員の端末には重要な情報が多く入っていますので、少し費用はかかりますが、MDM を導入してセキュリティを強化することをおすすめします。

Q 17 「指紋認証」ってどのような場面で使うのでしょうか？

▶キーワード　画面ロック機能　指紋認証　顔認証

A 17 生徒も教師も自分の端末を使うときに、できれば当たり前のように利用したい機能です。

　　　　一人一台端末となり、個人情報を守ることがさらに大切となりました。自分以外の誰かが勝手に端末を操作できないように、画面ロック機能は必須です。

　画面ロックの解除にはパスコードや、パスワード設定を利用する場合もあります。それらを入力する回数や機会が多いと、のぞき見される可能性が高まります。そのため、より高いセキュリティを実現する「指紋認証」や「顔認証」が多く使われています。万一、端末の紛失や盗難にあったときでも画面ロックを解除されなければデータの流出を防ぐことができます。ぜひ設定して活用してくださいね。

Q 18 iPadのホームボタンと電源ボタンは どのような場面で使うのですか？

▶キーワード iPad   ホームボタン   電源ボタン   マルチタスク画面

A 18 ホームボタン（iPadの表面の下にある丸いボタン）は、とりあえずアプリを終了（保留）にしたいときなどに使います。1回押すとホーム画面に戻り、2回押すとマルチタスク画面（保留になっている画面が並んで表示される）になります。

電源ボタンはiPad右上にある少し飛び出たボタンです。1回押すとスリープと言われる休止モード（画面が暗くなります）、もう一度押すとスリープ解除になります。

数秒間長押しをすると、ホーム画面上部に赤いスライダーが出ます。そのスライダーをドラッグすると電源が切れます。再度長押しをすると「りんごのマーク」が表示され、電源が入ります。

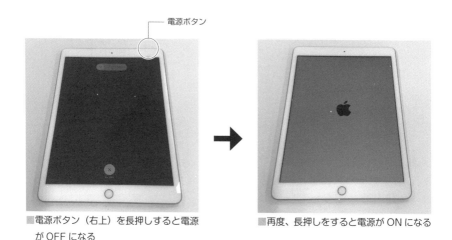

電源ボタン

■電源ボタン（右上）を長押しすると電源
　がOFFになる

■再度、長押しをすると電源がONになる

Q 19 1つの PC に「二画面を表示する」方法を知りたいです。

▶ キーワード 二画面表示

A 19 二画面表示は、作業がはかどるとても便利な機能です。端末によって二画面表示の操作方法が少しだけ異なります。

●二画面表示の仕方と戻し方

	二画面化	戻し方
Windows	「Win」＋「方向キー（左右）」	「Win」＋「方向キー（上）を1回もしくは2回」
Mac	1）ウインドウの左上隅にあるフルスクリーン表示のボタンの上にポインタを長押し。 2）メニュー「ウインドウを画面左（右）側にタイル表示」	1）ウインドウの左上隅にあるフルスクリーン表示のボタンの上にポインタを長押し。 2）メニュー「フルスクリーンにする」
Chromebook	「Alt」＋「@」もしくは「Alt」＋「［ 」	「Alt」＋「＝」

Q 20 「スクリーンショット」の仕方が わかりません。

A 20 スクリーンショットとは、端末の画面そのものを画像化して保存するものです。画像化されたデータは写真アプリやデスクトップなどの指定フォルダに保存されます。スクリーンショットにはいくつか方法がありますので、代表的な例を挙げておきます。

●スクリーンショットの方法

端末の種類	OS
iPhone,iPad（ホームボタンあり）	ホームボタンと電源ボタンを同時に押して離す
iPhone,iPad（ホームボタンなし）	電源ボタンとボリューム UP ボタンを同時に押して離す
Android	電源ボタンとボリューム DOWN ボタンを同時に長押しする
Windows PC	標準アプリ Snipping Tool を使って撮る Print Sc（または PrtScr + Fn）キーを押す
Mac	Shift + Command + 3 を同時に押す
Chromebook	Ctrl キー＋「ウィンドウを表示」キー を同時に押す

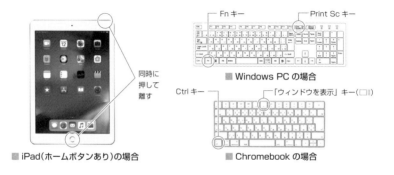

同時に押して離す

■ iPad(ホームボタンあり)の場合

Fn キー　　　Print Sc キー
■ Windows PC の場合

Ctrl キー　　「ウィンドウを表示」キー（□‖）
■ Chromebook の場合

106

Q 21 端末がすぐにスリープ状態になります。どうしたら良いでしょうか？

▶ キーワード　スリープ　画面が暗くなる

A 21 スリープになるまでの時間は、端末の設定で変更することができます。授業中に短い時間でスリープ状態になってしまうのは困るので、端末ごとに設定方法を確認して変更しておきましょう。設定ができない場合は、定期的に画面を少し動かせばスリープにはなりません。例えばマウスを動かしたりスペースキーを押したりするなど、操作に影響のない範囲で動かすと良いでしょう。

4章

今すぐICT

Q 22 プロジェクタと端末を繋ぐには どんな方法がありますか？

▶キーワード　プロジェクタ　HDMI ケーブル　変換器

A 22 プロジェクタに端末画面の画像や動画を映し出す方法は大まかに2つあります。ケーブルで繋ぐ場合（有線）と、無線で繋ぐ場合です。

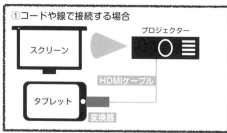

①コードや線で接続する場合
スクリーン
プロジェクター
HDMIケーブル
タブレット
変換器

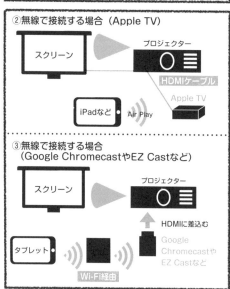

②無線で接続する場合（Apple TV）
スクリーン
プロジェクター
HDMIケーブル
iPadなど　Air Play　Apple TV

③無線で接続する場合
（Google ChromecastやEZ Castなど）
スクリーン
プロジェクター
HDMIに差込む
タブレット
Google Chromecastや EZ Castなど
Wi-Fi経由

ケーブルで繋ぐ場合は、主にHDMIケーブルを使います（①）。無線で繋ぐ場合は、端末とプロジェクタの間に専用の機器が必要になります。iPadなどの場合は「Apple TV」（②）、他のタブレット等の場合は「Google Chromecast」「EZ cast」といったものを使います（③）。「EZ cast」はiPad、Chromebook、Windows端末など、複数の端末で使えます。これらの他に変換器が必要なこともあります。お使いの端末に何が必要か確認して準備しましょう。

Q 23 「Bluetooth」って何ですか？どうしたら設定できますか？

▶キーワード　Bluetooth　ペアリング　パスコード

A 23 端末と機器を無線で繋ぐ際、主に使われている技術が Bluetooth（ブルートゥース）です。例えばスマホとイヤホンのように、端末と機器を1対1で繋ぐことを「ペアリング」と呼びます。

〈ペアリングの流れの例〉

1. 端末側の設定から Bluetooth を ON にして、機器を発見できる状態にします。
2. Bluetooth 機器をペアリング状態にします（電源ボタン長押しなど）。
3. 端末側で機器を発見できたら、その機器を選択します（パスコードの入力を求められた場合は説明書でパスコードを確認します）。
4. 「ペアリング完了」となれば接続終了です。

Bluetooth で ペアリング

Q 24 iPad でメールを使わずに データや写真を送る方法は？

▶キーワード   iPhone   iPad   AirDrop

A 24 AirDrop を使うと、近くにある iPhone や iPad など iOS の端末同士で写真などを送受信することができます。送る側は ⚙ (設定) マークから「AirDrop」をタップし、表示された端末から送りたい端末を選択して送ります。受け取る側は「すべての人」「連絡先のみ」「受信しない」を設定できます。送る側と受け取る側は、Wi-Fi と Bluetooth を ON にする必要があります。

AirDrop を使って無差別に嫌がらせをするといった事件も起きているので、送受信をするとき以外は「すべての人」にしないことをお勧めします。AirDrop はメモや Web ページなど、多種多様なものを送ることができます。授業中に生徒同士が送り合えることも知っておきましょう。

■AirDrop の送信画面。送りたい人を選択

■送りたいデータを選択

110

Q 25 クラスの生徒にデータを送りたいのですが？

▶キーワード Google Classroom ｜ Teams ｜ スクールワーク
ロイロノート・スクール ｜ MetaMoJiClassRoom
AirDrop ｜ ニアバイシェア

A 25 Google の 場 合 は Classroom、Windows の 場 合 は Teams、Apple の場合はスクールワークといった、クラス設定できる授業支援のサービスがあります。これら以外にもロイロノート・スクールや MetaMoJiClassRoom などといったものもあります。学校で利用しているサービスの中の機能でそのようなものがあればそちらを利用するのが一番良いです。

　いずれの方法でも、サービス内で教師と生徒でできることが異なるのが特徴です。教師から生徒へ文字や画像だけでなく、音声やプレゼン資料なども送れたり、生徒への一斉配信や、生徒から課題の回収などもできます。

　タブレットの機能として iPad では AirDrop という機能があります（→ Q&A 24 参照）。Google でもニアバイシェアという機能ができました。

●生徒と教師間でデータを送信できるサービス

提供会社	サービス名
Google	Classroom
Windows	Teams
Apple	スクールワーク
何でも使用可能	ロイロノート・スクール、MetaMoJiClassRoom

Q 26 ファイルを「共同編集」で作るには どうしたら良いですか？

▶キーワード ┃ 共同作業 ┃ ┃ 共有 ┃ ┃ アカウント ┃

A 26 共同編集とは、一つのファイルを複数人で同時に作業する方法の ことです。最近では Microsoft でも Google でも Apple でも共 同編集ができる仕組みがあります。例えば Word や Keynote、 Google スプレッドシートなど、共同編集をしたいファイルに「共有」とい う項目があります（写真参照）。この「共有」から、共有相手のアカウント（メール アドレス）を入力し、招待メールを送信します。相手側がそのメールを開 き、招待されているファイルを「開く」ことで共同編集ができるようになり ます。

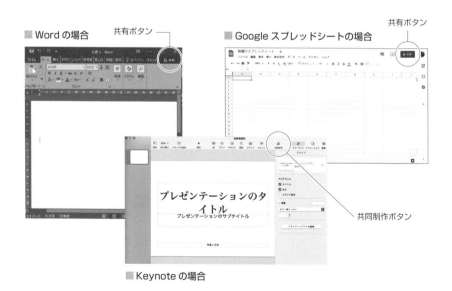

■ Word の場合　　共有ボタン

■ Google スプレッドシートの場合　　共有ボタン

共同制作ボタン

■ Keynote の場合

Q 27 オンライン授業をするためには、どんな準備が必要ですか？

▶ キーワード 同期型授業 非同期型授業 ハイブリッド型授業

A 27 どのような授業でも目的が一番大切です。その目的を達成するための手段やツールを考えましょう。

オンライン授業には、主に授業を LIVE 配信する「同期型授業」、録画した動画や学習資料を配信する「非同期型授業」があります。さらに教室に生徒がいるリアルな授業と同期型授業を組み合わせた「ハイブリッド型授業」もあります。状況に応じて適切な指導スタイルを選択してみてください。

オンライン授業には表のようなものが必要となりますが、あくまでも一例です。各学校の環境やスタイルに合わせていろいろと模索してみましょう。できれば事前に児童生徒と一緒にオンライン授業のテストまでできると、いざという時に慌てません。

●オンライン授業に必要なツール、インターネット環境、機材

	必要なツール	インターネット環境		共通で必要な機材
		教師側	生徒側	
非同期型授業	動画配信サービス（YouTube や Vimeo など）	撮影時は不要 配信時は必須	必須（容量無制限のプラン推奨）	パソコンなどの端末 カメラ（内臓カメラでも可） マイク スピーカー
同期型授業	オンラインビデオ会議ツール（Zoom,Google Meet,Microsoft Teams など）	必須（有線推奨）		
ハイブリッド型授業	オンラインビデオ会議ツール（Zoom,Google Meet, Microsoft Teams など）	必須（有線推奨）		

4章

今すぐ ICT

113

Q 28 オンライン授業中に画面共有をするにはどうしたら良いですか？

▶キーワード ┃オンライン授業┃ ┃画面共有┃

A 28 ビデオ会議システムには、Zoom、Google Meet、Microsoft Teams などがあります。いずれのシステムでも、自分の顔だけでなく、プレゼン資料や動画などのデータを画面に共有することができます。

〈画面共有の方法〉

・Zoom では画面内にある［⬆共有］を選択

・Google Meet では画面内にある縦3点［⫶］→「画面を共有」を選択

・Microsoft Teams では画面内にある⬆から［画面共有］を選択

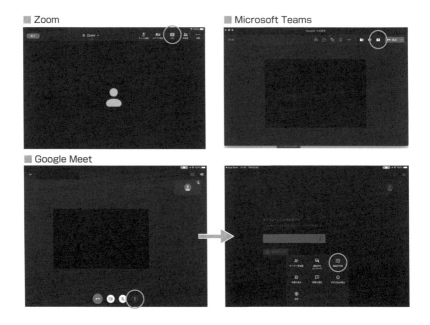

■ Zoom

■ Microsoft Teams

■ Google Meet

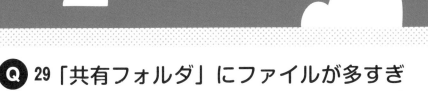

Q 29 「共有フォルダ」にファイルが多すぎて、必要なファイルを見つけることができません。

▶キーワード 　データ整理法　　共有フォルダ　　キーワード検索

A 29 　データが多くなると整理する必要がありますね。共有する人たちで基準やルールを決めておきましょう。その際、主に4つの方法があります。①プロジェクトごとに分ける、②年、月ごとにフォルダを作成、③データの種類ごとに分類、④複合版として、階層を作って整理 する方法です。①は、授業、クラス、部活ごとにフォルダを作成、②は、2021年や5月、6月といった年月日ごとにフォルダを作成、③は画像、動画、プレゼンデータなどのジャンルごとに分類、④は年→その中にプロジェクト→さらにその中に項目別、とフォルダを重ねていく方法です。端末によって操作方法が違いますが、ファイル名がわかれば、キーワード検索ができる場合が多いので、検索から見つける方法もありますよ。

Ⓠ 30 「ストレージがいっぱいになりました」 と表示されています。データの削除は どのようにしたら良いのでしょうか？

▶ キーワード ┃ ストレージ ┃ データ削除 ┃ 動画の保存 ┃

Ⓐ 30 「ストレージ」とは、データを保存しておく場所のことです。原因は、アプリ、動画、画像、音楽などがたくさん保存されている状況です。特に、動画などを入れたプレゼンアプリや動画編集ソフトなどがたくさん端末に保存されていると、気がつかないうちにストレージがいっぱいになってしまうことがあります。対策としては、端末のデータの中身を確認して、定期的に整理していくことです。必要ないものは思い切って、削除しましょう。

　ちなみに、データを残しておく方法としては、①クラウドを利用する②他の媒体に移動する方法があります。

ロイロノート・スクール②

「考える」ためのシンキングツールを
活用した使い方

その発問の意図は何？

「では、時間を取るので、各自で考えてみよう」と授業で投げかけることはよくありますね。しかしその時、教師は子どもに何を期待しているのでしょうか。

例えば、「何か疑問に思うところは？」という問いであれば、自分のいままでの経験に照らして、異なっていたり、変化してたりするところを見つけることを期待しています。そのためには「いままでの経験」と「いま見たことや、知ったこと」とを比較する必要があります。つまり、比較して異なるところを見つけ、自分の中で気になるところを言葉で表現することを求めているのです。

ロイロノート・スクールには、考えを見える化することができる「シンキングツール」が用意されています。これは、考える対象や道筋を見える化し、思考を深めるためのツールで、目的・用途によって様々な形のものがあります。例

えば、○○の時にはクラゲの形の図、○○の時にはさかなの形の図のようにです。これまで付箋紙などで作業していたことを、タブレット端末で行うことができます。選んだシンキングツールから、別のシンキングツールへの切り替え操作もスムーズです。

このツールを使うことで、子どもたちは何度も試行錯誤を繰り返し、自らの考えを広げたり、深めたりしていくことができます。

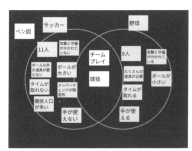

おわりに

2021年度、全国の公立小中学校に続々とデジタル端末が配布されています。数年前、私が初めて学校でICTと出会ったときに、大きな驚きや戸惑いを感じたように、全国の先生方もそんな思いに直面しているのではないでしょうか。そこでこれまで私たちが、ICTを通して経験してきたことが少しでも役に立つのではないか、という思いから、全国の仲間と「教育あるある探検隊」を立ち上げました。

私たち12名の執筆者は、一度もリアルで顔を合わせることなく、オンラインのミーティングを重ねながら9ヶ月間走り続けました。いつも学事出版の戸田さんがあたたかくサポートしてくださり、何とか出版まで漕ぎ着けることができました。

その間、私たちはICTについての本を作っていたはずなのに、いつの間にか「ICTを授業にどう生かせばよいのか」、「ICTをどのように使えば子どもたちの楽しく深い学びにつなげられるのか」、さらには、「これからの教育のあり方」についても話が広がっていきました。もしかしたら、ICTについて考えることは、デジタル端末などの使い方にとどまらず、これまでの私たち自身の授業を問い直したり、子どもたちの学びそのものを考え続けたりすることになるのではないか、と気がつきました。

現在、様々な団体や校内でのICTの研修会が各地で行われています。この本は、こうした研修を行う側にとっても、参加する側の先生がいまどのようなことに悩んだり困ったりしているかについて理解を深めるのに役立つかもしれません。

安心して失敗できる環境で、新しいことを学び、挑戦することは楽しいものです。これからはじまる、それぞれの学校でICT活用を進めていく際の

サポートにこの本が一役買えれば、とても嬉しく思います。

　最後になりますが、この場をお借りして何より伝えたいのは、感謝の気持ちです。この本の出版は、これまでの教師としての取り組みを、最も近いところで支えてくれたそれぞれの家族、職場の仲間、これまで関わった子どもたちの存在なしにはありえなかったと思います。オンラインミーティング中に、私の娘と息子が登場してしまうことも度々ありました。それを笑顔で見守ってくれたメンバーの温かい言葉かけがとても心地よかったです。本当にありがとうございました。

　私たち、教育あるある探検隊にとって、本書の出版はゴールではなくはじまりです。これから出会う子どもたちとの学びを楽しみに、私たち教育あるある探検隊の旅は続いていきます。

　2021 年 7 月吉日

教育あるある探検隊を代表して　岩永崇史

執筆者一覧

〈本文執筆〉 ※五十音順、○は編著者、所属は執筆当時。

○岩永　崇史　　活水高等学校　活水中学校

　小木曽　賢吾　多治見西高等学校附属中学校

　吉川　牧人　　静岡県立掛川西高等学校

　黒川　智子　　行橋市教育委員会

　近藤　光佳　　東洋大学附属姫路中学校・高等学校

　澁谷　洋平　　株式会社 LoiLo

　高梨　英明　　栃木県立国分寺特別支援学校

　中村　天良　　大商学園高等学校

○松下　直樹　　愛光中学・高等学校

○米田　俊彦　　愛徳学園中・高等学校

　脇田　誠　　　株式会社 KEC Miriz

〈4コマ漫画作成〉

　辻　さやか　　福岡市立田隈中学校

学校 ICT サポートブック
授業中の「困った」にも即対応！

2021年9月7日　初版第1刷 発行
2022年4月7日　初版第2刷 発行

編 著 者　教育あるある探検隊

発 行 者　安部英行

発 行 所　学事出版株式会社　〒101-0021 東京都千代田区外神田 2-2-3

電話　03-3255-5471（代表）　https://www.gakuji.co.jp

編集担当　戸田幸子　　　編集協力　西田ひろみ

装丁・デザイン　高橋洋一　　　表紙・本文イラスト　松永えりか（フェニックス）

組版・印刷・製本　精文堂印刷株式会社

© Kyouiku Aruaru Tankentai, 2021 Printed in Japan　ISBN 978-4-7619-2733-2　C3037
本書の全部または全部を無断で複写（コピー）することは、著作権法上での例外を除き禁じられています。